Petra Wimmer (Hrsg.)

Wissen wird smart

Beiträge zu den
Kremser Wissensmanagement-Tagen 2017

D1732262

Edition Donau-Universität Krems, 2018

Herausgeber: Edition Donau-Universität Krems

Donau-Universität Krems, 2018
Dr.-Karl-Dorrek-Straße 30
A-3500 Krems
www.donau-uni.ac.at

ISBN Paperback: 978-3-903150-32-4
ISBN e-Book: 978-3-903150-33-1

Umschlaggestaltung: Florian Halm

Inhaltsverzeichnis

Vorwort der Herausgeberin

Mittlerweile können die Wissensmanagement-Tage Krems auf eine durchaus beachtliche Tradition zurückblicken. Seit 2012 bildeten unterschiedliche Konferenz-Leitthemen, die interdisziplinär zwischen Wissensmanagement und weiteren Managementdisziplinen wie Prozessmanagement, Innovationsmanagement, Change Management etc. angesiedelt sind, den thematischen Rahmen für den Wissenstransfer in Form von Fachvorträgen, Diskussionsrunden, aber auch interaktiven Formaten. Auch im Frühjahr 2017 fanden an der Donau-Universität Krems wieder die Wissensmanagement-Tage statt, eine Konferenz für angewandtes Wissensmanagement, die wir in Kooperation mit Oliver Lehnert, dem Herausgeber des Magazins wissensmanagement veranstalten. Sie ist die österreichische Schwester-Veranstaltung der Stuttgarter Wissensmanagement-Tage auf universitärem Terrain. Die Konferenz 2017 stand unter dem Leitthema "Wissen wird smart".

Es ist mir ein großes Anliegen, mich ganz herzlich bei unserem Kooperationspartner Oliver Lehnert für die gute Zusammenarbeit zu bedanken, weiters bei Wolfgang Scharf und den Sponsoren sowie bei Anneliese Breitner für die Moderation der Tagung. Auch bei unserem Eventmanagement- und Organisationsteam möchte ich mich von Herzen bedanken, insbesondere bei Christine Perkonigg, unter deren kompetenter und umsorgender Leitung die Veranstaltung ein voller Erfolg wurde.

Im Juni 2018 wandern die Wissensmanagement-Tage erstmals nach Wien. Im Tech Gate Vienna stellen Unternehmen ihre Wissensmanagement-Projekte vor und teilen ihre Erfahrungen mit anderen WissensmanagerInnen. Im Rahmen dieser Projekte wird insbesondere mit den folgenden aktuellen Herausforderungen umgegangen: Die Datenschutzgrundverordnung tritt in Kraft, die Übergangsfrist für die ISO 9001:2015 endet, der demografische Wandel wirkt sich immer stärker auf unsere Arbeits- und Lebenswelten aus, künstliche Intelligenzen wie etwa Chatbots prägen vermehrt unseren Wissensalltag.

Im hier vorliegenden Sammelband finden Sie 13 Beiträge, die von den Vortragenden der Wissensmanagement-Tage verfasst wurden. Herzlichen Dank allen AutorInnen! Thematisch spannen die Beiträge einen weiten Bogen über den immer dominierender werdenden Einsatz von intelligenten Technologien in Beruf und Alltag und die sich daraus ergebenden Vorteile, aber auch Bedrohungen. Eine Branche wird in den Sammelband-Artikeln jedoch nicht angesprochen, nämlich das Hochschulwesen. Als Mitarbeiterin einer Universität für Weiterbildung will ich hier ein paar Gedanken beisteuern[1].

Auch für das Hochschulwesen ist wohl in Zukunft ein massiver digitaler Wandel zu erwarten. E-Learning, das heißt alle Lernformate, bei denen elektronische oder digitale Medien für die Vermittlung von Lehrinhalten zum Einsatz kommen, sind bereits State of the Art an Universitäten. Der Einsatz von MOOCs (Massive Open Online Course) ist im Steigen begriffen, wobei hier noch einige Probleme zu bewältigen sind. Noch ungelöst ist insbesondere die Frage der Identitätsfeststellung bzw. das Verhindern von Plagiaten bei der Erbringung von Leistungsnachweisen. Einige MOOC-Anbieter verlangen, dass der Studierende in der Prüfungssituation eine Webcam eingeschaltet haben muss. Der Einsatz von Gesichtserkennungsalgorithmen in Kombination mit Webcams wäre eine noch sicherere Möglichkeit des Identitätsnachweises. Technisch stellt dies keinerlei Problem dar.

In Betracht sollte gezogen werden, dass im Verlauf der Teilnahme an MOOCs enorme Datenmengen über die Studierenden gesammelt werden, dh über die Art ihrer Teilnahme bzw. ob und wann sie die Prüfungen bestehen oder durchfallen. Diese Datenmengen können mit Big Data Techniken analysiert werden und so zur kontinuierlichen Verbesserung von MOOCs beitragen.

Eine Demokratisierung von Bildung durch Zurverfügungstellung von Lehrinhalten auf akademischem Niveau für bisher bildungsferne Bevölkerungsgruppen scheint bisher jedenfalls noch nicht erreicht worden zu sein. Vielmehr zeigen Studien, dass mit MOOCs primär jene angesprochen werden, die ohnehin eine akademische Ausbildung planen bzw. eine solche absolvieren oder absolviert haben.

Im Rahmen von E-Learning werden immer häufiger sogenannte adaptive Lernsysteme eingesetzt. Adaptive Lernsysteme sind intelligente Tutoring-Systeme, die in der Lage sind, menschliche Tutoren nachzuahmen. Sie verfolgen, welche Lernfortschritte der Studierende macht, passen das Lerntempo entsprechend an und bieten personalisierte Unterstützung. Dabei wird nicht nur das Ergebnis einer gelösten Aufgabenstellung überprüft, sondern während des gesamten Lösungsprozesses gibt es Hilfestellungen und Feedback.

Auch Algorithmen zur Benotung von Tests sind stark im Kommen bzw. an amerikanischen Universitäten bereits längst etabliert. Mit Tests sind Leistungsnachweise in Form von Freitexten wie etwa Seminararbeiten, Reflexionsarbeiten, Konzepten etc. gemeint. Ähnlich der bei automatischen Überset-

---

[1] Die Gedanken basieren auf einer aktuellen Publikation von Martin Ford: Aufstieg der Roboter: Wie unsere Arbeitswelt gerade auf den Kopf gestellt wird - und wie wir darauf reagieren müssen (2016)

zungsprogrammen eingesetzten Technologie werden die Benotungsalgorithmen mit einer großen Menge von Schreibproben trainiert, die bereits von menschlichem Lehrpersonal bewertet wurden. Ein großer Vorteil ist, dass diese smarten Bewertungstechnologien sofort Ergebnisse liefern, die hochgradig verlässlich sind.

Allerdings ist ihre Anwendung auf Arbeiten zu beschränken, deren Inhalt in hohem Ausmaß festgelegt ist. Texte, die etwa im Rahmen von Seminaren zu Kreativem Schreiben geliefert werden, können sicherlich nicht von Bewertungsalgorithmen beurteilt werden. Ein ernst zu nehmendes Argument gegen den Einsatz von Bewertungstechnologien ist der Umstand, dass Studierende mit zunehmender Erfahrung immer besser lernen können, so zu schreiben, dass sie den Bewertungskriterien der Technologie möglichst gut entsprechen und so zu guten Noten kommen. Allerdings ist dies auch im Falle eines menschlichen Bewerters möglich. Die Benotung durch Algorithmen mag umstritten sein und (noch) Schwachstellen, jedenfalls aber Beschränkungen aufweisen. Trotzdem ist ihr Einsatz im Hochschulsektor angesichts schrumpfender Budgets und personellen Einsparungsmaßnahmen erwartbar, das Ausmaß ihres Einsatzes wird die nahe Zukunft zeigen.

Nach diesem kleinen Ausflug in die smarter werdende Universitätslandschaft noch eine kleine organisatorische Anmerkung zum vorliegenden Sammelband: Ebenso wie im Vorjahr wird dieser wieder als ebook aufgelegt. Damit ist er über den Online-Buchhandel, aber auch im stationären Buchhandel zu erwerben.

Petra Wimmer   Krems, im Dezember 2018

Vorwort des Mitveranstalters

Unternehmen und Organisationen, Politik und Wirtschaft richten ihr Augenmerk in Richtung Zukunft. Sie stellen die Weichen, um auch morgen noch wettbewerbsfähig zu bleiben. Um am Markt zu bestehen und der sich wandelnden Gesellschaft gerecht zu werden. Digitalisierung lautet das Gebot der Stunde. Doch was auf den ersten Blick einfach anmutet, erweist sich oft schwieriger als gedacht. Zu vielfältig sind die Stolpersteine, zu komplex die Umsetzung. Zu häufig fehlt es an einer entsprechenden Strategie, aber auch an der personellen, zeitlichen und finanziellen Ausstattung. Die verfügbaren Ressourcen werden bereits für die Bewältigung des Tagesgeschäfts ausgeschöpft. Doch genau darin liegt die Crux. Wer sich nur auf das Hier und Jetzt fokussiert, an dem zieht die Konkurrenz derzeit schnell vorbei. Denn der Markt ändert sich rasant. Maßgeblich verantwortlich ist die Entwicklung neuer Technologien – und der daraus resultierende neue Umgang mit der Ressource Wissen.

Unter dem Motto "Wissen wird smart" schworen die 6. Wissensmanagement-Tage Krems am 25. und 26. April 2017 die Kongressteilnehmer auf eine vernetzte Zukunft ein. Was müssen wir anders machen, um die Megatrends Digitalisierung und Internet der Dinge für uns zu nutzen? Welche technischen, aber vor allem kulturellen Veränderungen sind dafür verantwortlich? Visionäre Vordenker verrieten ihre Vision der Gesellschaft 4.0 und smarte Vorreiter aus den Unternehmen zeigten in ihren Vorträgen, wie sie die Zukunft heute schon Realität werden lassen.

Wo entstehen überall Daten? Und wie lässt sich dieser immaterielle Wert am besten auswerten und nutzen? Für interne Prozesse, für das Marketing oder die Produktentwicklung? Wie lassen sie sich geschickt vernetzen? Wo kommen künstliche Intelligenz, Industrie 4.0 und Automatisierung ins Spiel? Und lässt sich auf diese Weise der demografische Wandel abfedern? Apropos: Welche Herausforderungen bringt er in punkto Wissen überhaupt mit sich? Fachkräftemangel und drohendem Wissensexodus lässt sich mit den richtigen Wissensmanagement-Tools bzw. -Methoden ebenso begegnen wie den Herausforderungen der Digitalisierung. Wichtigste Voraussetzung dafür: Ihr Wissen wird smart.

Was das in der Praxis genau bedeutet, wie weit wir dabei bereits gekommen sind und wohin der Weg noch führen wird, das thematisierten die Vorträge bei den 6. Wissensmanagement-Tagen Krems auf vielfältige und immer neue Art und Weise – und gaben so einen anschaulichen Vorgeschmack auf eine spannende smarte Zukunft. Ich bedanke mich an dieser Stelle ganz herzlich bei allen Teilnehmern und Referenten. Mein besonderer Dank gilt auch den Sponsoren, mit deren Unterstützung die Durchführung des Kongresses überhaupt erst möglich gewesen ist.

Die 7. Wissensmanagement-Tage finden am 12. und 13.06.2018 in Wien statt. Den Ort haben wir auf vielfachen Wunsch unserer Teilnehmer geändert. Das bewährte Team aus Donau-Universität Krems und Zeitschrift wissensmanagement bleibt bestehen. So sind Kontinuität und Qualität gewährleistet und wir alle freuen uns auf Ihren Besuch im Juni 2018 in der Hauptstadt Österreichs.

Oliver Lehnert   Im Dezember 2018

Wie Sie Ihr Unternehmen und sich selbst fit für den digitalen Wandel machen können

Fit für die Digitale Transformation …
Verstärken Sie die Anpassungsfähigkeit Ihres Unternehmens mit Hilfe der SVIDT-Methode[1]

Reiner Czichos

E-Mail: ctnmuenchen@t-online.de

In den Wirren der Globalisierung und der Digitalen Revolution, der disruptiven Innovationen und der überraschend auftretenden Mitbewerber haben auch besonders kleine und mittlere Unternehmen nicht mehr die Wahl, ob sie die "Digitale Transformation" mitmachen wollen oder nicht, wenn sie auch in 10 Jahren noch im Markt sein wollen. Damit stellt sich die Frage, wann, wie und in welchem Umfang, und mit welcher Unterstützung/Beratung Unterneh-men mit der Digitalisierung welcher Prozesse anfangen. Experten sagen, dass 50 % aller Unternehmen nicht mehr im Markt sein werden, wenn sie sich nicht den Herausforderungen der digitalen Revolution stellen und die erforderliche Transformation hin zu (vollkommen) neuen Geschäftsmodellen mithilfe von KI, Automatisierung, Vernetzung von Maschinen und Menschen, Internet of Things, Algorithmen, Big Data, etc. schaffen.

---

[1] Prof. Dr. Scholz hat die SVIDT Methode in den letzten Jahren an der ETH Zürich und an der Donau Universität in Krems (Österreich) entwickelt. In der Fakultät für Wirtschaft und Globalisierung der Donau Universität (Prof. Dr. Gerald Steiner) hat er 2016/2017 im Department für E-Governance in Wirtschaft und Verwaltung (Prof. Dr. Peter Parycek) in einem 2-semestrigen Lehrgang „Digital Governance" die SVIDT-Methode im Rahmen einer Lehrforschungsveranstaltung zur Risiko- und Vulnerabilitätsanalyse von Unternehmen und Organisationen auf 18 deutsche bzw. österreichische Unternehmen mit jeweils einer Projektgruppe bestehend aus 3 bzw. 4 Studierenden angewendet.Die untersuchten Unternehmen sind in folgenden Branchen tätig: 6 IT, 1 IT-Plattform, 6 Produktion, 2 Öffentliche Verwaltung, 1 Hilfswerk-Verein, 1 Bank, 1 Gastronomiebereich. Alle 58 Studierenden waren Manager bzw. Professionals von 58 österreichischen bzw. deutschen Unternehmen, die neben ihrem Beruf ihr Masterstudium machen. Die Projektgruppen wurden von Prof. Dr. Scholz und von Prof. Dr. Parycek sowie einem weiteren Team von Wissenschaftlern und Lehrbeauftragten (externen Berater) gecoacht.

1 Digitalisierung ist nichts Neues … aber anscheinend für jedes Unternehmen immer wieder neu

Nach Martin Hilbert (2012), Kommunikationswissenschaftler an der University of Southern California, hat das Digitalzeitalter in 2002 begonnen. In diesem Jahr wurden das erste Mal mehr von Menschen geschaffene Daten digital statt analog gespeichert. Die neuen Digitalisierungswellen kommen nicht nur überraschend schnell wie Tsunamis, sondern auch mit immer wieder neuen Überraschungen, mit Unvorhergesehenem, wie es zum Beispiel der bekannte Zukunftsforscher Matthias Horx in einem Bericht von Hans-Peter Siebenhaar (2016) in Handelsblatt Live konstatiert hat. Daher müssen die Unternehmen, um in diesem Digitalen Wandel bestehen zu können, ihre Adaptive Kapazität vergrößern, müssen schnell und flexibel reagieren können, am besten sogar noch diesen Wandel irgendwie beeinflussen können, wie es die so genannten Start-ups und die großen Internet-Unternehmen wie z.B. Google u.a. machen.

Theoretisch ist bekannt, was auf die Unternehmen zukommt. Berater und Experten verbreiten diese Information tagtäglich in einer anschwellenden Kakophonie von Hype-Artikeln, gespickt mit den angeblichen Segnungen der Digitalisierung und Drohungen davor, in xx Jahren nicht mehr im Markt zu sein, wenn man nicht umgehend digitalisiert. Sie überbieten sich mit Visionen, wie sich Unternehmen aufstellen müssen.

Unternehmen, die jetzt aufgescheucht und unvorbereitet den Hype-Aufrufen, Visionen, Ratschlägen und Drohungen folgend mit der Digitalisierung beginnen nach dem Motto *"Mal schauen, was und wie das wird!"*, laufen blindlings in große Gefahren. Denn die meisten dieser Vorschläge und Projekte sind nicht wissenschaftlich oder anderweitig vorbereitet. Und es fehlt an guten methodischen Grundlagen dazu, wie die Transformation für ein spezifisches Unternehmen zu planen ist. Und es fehlt, so hat die Vergangenheit gezeigt, an professionellem Change Management. Es genügt nämlich nicht, neue Technologien oder Geschäftsideen in Labs auszuprobieren und diese dann technokratisch zu implementieren, in der Hoffnung, dass Prozesse und Strukturen sich quasi von selbst anpassen. Unternehmen müssen sich grundsätzlich neu erfinden.

Doch nachdenkliche Stimmen scheinen sich zu mehren. In einem Bericht von Niels Kreimeier (2017) in stern.de zu einer Untersuchung der Hamburger Managementberatung Infront Consulting zum Thema *"Was die neuen Digitalfabriken tatsächlich bringen"* liest man, dass es oft einer der Schwachpunkte der wie Pilze aus dem Boden schießenden Digital Labs ist, keine konkre-ten/genauen Zielvorgaben zu haben. Das widerspricht voll einem der zentralen

Prinzipien der in diesem Artikel vorgestellten SVIDT-Methode. Und das widerspricht auch dem gesunden Menschenverstand und den Erfahrungen aus zahlreichen Kreativitäts-Workshops: Wenn man nicht weiß, nach was man sucht, wenn man noch nicht einmal ein klares Verständnis davon hat, welches Problem es denn zu lösen gilt, dann findet man tatsächlich eine ganze Menge Ideen; aber die Wahrscheinlichkeit, dass man mit diesen Ideen relevante Problemstellungen löst, wird wohl eher gering sein (siehe dazu Steiner 2010).

Studien zum Fortschritt der Digitalisierung zeigen, dass der Digitalisierungsgrad bzw. die digitale Reife in den meisten deutschen Unternehmen noch viel zu wünschen übrig lässt, dass sie im internationalen Vergleich hinterher hinken ... und also bedroht sind.

Die Manager der mehr als 2 Millionen Unternehmen in Deutschland (mehr Zahlen: https://de.statista.com/statistik/daten/studie/1929/umfrage/unternehmen-nach-beschaeftigtengroessenklassen/) stehen vor riesigen Heraus-

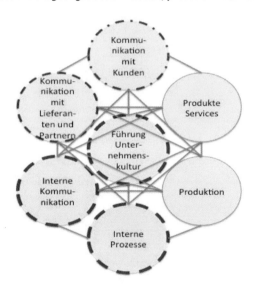

forderungen – keineswegs nur technischen, sondern vor allem auch Herausforderungen für die Unternehmenskultur, die internen Prozesse und Strukturen.

Diese Grafik soll deutlich machen, dass es bei der Digitalisierung um weit mehr geht als "nur" darum, die Produktion und die Produkte/Services zu digitalisieren. Alle die gezeigten Elemente müssen in eine unternehmensspezifische Balance gebracht werden. Die mit gestricheltem Rand versehenen Elemente werden wahrscheinlich bei ziemlich vielen KMUs kaum durch die Brille der Digitalisierung betrachtet und bleiben oft so, wie sie schon lange waren.

2 Blindlings ins "Abenteuer"?

Manager können sich nicht auf eine 08/15-Blaupause von immer gleichen Charts der Berater verlassen, sie müssen sich selbst mit den spezifischen Herausforderungen für ihr eigenes Unternehmen befassen und eine für ihr Unternehmen passende Digitalisierungsstrategie entwerfen und durchführen. Jedes einzelne Unternehmen ist in einer einzigartigen Situation.

Mit dem Begriff "Digitale Reife" bieten Beratungsunternehmen untereinander wenig abgestimmte Konzepte an. Angeblich wird "gemessen", wie weit ein Unternehmen auf den Weg der Digitalen Transformation bereits fortgeschritten ist. Es wird auch gesagt, welche "5 Schritte" man gehen muss, um die Transformation zu vollenden. Ein lukratives Geschäft für Berater. Dabei wird aber eher wenig untersucht, vor welchen spezifischen Herausforderungen, sprich Gefahren, das jeweilige Unternehmen steht, wenn man unvorbereitet und "unfit" die Digitale Transformation in Angriff nimmt. Die Gefahren des Noch-nicht-Mitmachens werden angesprochen, ja, stehen aber eher als Drohungen im Raum, die dazu führen sollen, dass man möglichst sofort anfängt.

Um die Gefahren des Noch-nicht-Mitmachens abzuwenden und also die digitale Transformation in Angriff zu nehmen, gehen Unternehmen nun oft blindlings neue Gefahren ein, die man aber letztlich nicht abwenden kann, sondern nur wiederum meistern muss. Was fehlt, ist der Blick und die sorgfältige Analyse darauf, welche Gefahren entstehen, wenn man die Transformation unvorbereitet und unprofessionell angeht. Die Botschaft der Digitalisierungspropheten: "Einfach ausprobieren, damit herumspielen, dann werden Sie sehen …" ermuntert geradezu dazu, voll auf professionelles Change Management zu verzichten.

2.1 Unerwartete Gefahren auf dem Weg

Paradox? Durch die erfolgreiche Digitale Transformation soll die adaptive Kapazität des Unternehmens, also die Fähigkeit vergrößert werden, schneller und besser auf all die schnellen und unvorhergesehen digitalen Veränderungen im Markt zu reagieren oder gar diese zu beeinflussen. Gleichzeitig erhöht sich mit verstärkter Digitalisierung aber auch die Exposure (Ausgesetztheit) für neue Gefahren, wenn man sie im Schnell-verfahren durchführt.

Nüchtern betrachtet: Die technischen digitalen Innovationen an und für sich sind erst einmal weder Chancen noch Gefahren für die Unternehmen. Gefahren und/oder Chancen durch diese Innovationen entstehen erst dadurch, ob und wie andere Aktoren digitale Innovationen implementieren: Business- und auch End-Kunden, die neue Services und/oder Produkte entwickeln. Konkurrenten – auch bisher unbekannte – und Lieferanten, aber auch Partner, die

Kommunikationsbeziehungen zu ihren Kunden und Partnern anwenderfreund-
licher gestalten und/oder ihre internen Prozesse und Strukturen so umgestal-
ten, dass sie schneller und flexibler auf Veränderungen im Markt reagieren
können.

2.2 Rebound-Effekte

Die größte Gefahr wohl ist, sich überstürzt und wenig bis gar nicht überlegt
auf den Weg zu begeben, wenn man noch wenig auf das, was auf einen zukommt, vorbereitet ist. Eine negative Spirale aus den Segnungen der Digitalisierung und den darauf folgenden neuen Gefahren (Bumerang-Effekte =
rebound-effects) (Siehe dazu Pütter 2017).

Im August 2016 habe ich 25 Personen, Berater-Kollegen und Kunden, in mei-
nem unmittelbaren Netzwerk nach möglichen Rebound-Effekten der digitalen
und daraus folgenden ökonomischen und sozialen Entwicklungen auf Unternehmen befragt. 13 haben geantwortet (eine doch recht hohe Rücklaufquote,
wenn man bedenkt, dass ich nicht hinterher telefoniert habe). Hier die nach
Themen strukturierte Zusammenfassung der Antworten(Originalzitate):

Bei der fortschreitenden Digitalisierung liegen nach meiner Einschätzung die gravie-rendsten Gefahrenpotenziale in den Fragen nach der IT-Sicherheit: • Physische Anlagensicherheit (v.a. Zugangsschutz gegenüber nichtberechtigten Dritten und vorsätzlichen Kriminellen) • Zugang zum IT-Netzwerk (Firewalls, VPN-Verbindungen) • Systemintegrität (Nutzer-Management, frühzeitige Erkennung von Angriffen)
Für Angriffe von außen sind viele sensibilisiert, aber was ist mit den eigenen Mitar-beitern? Die private Nutzung von Handy, Laptop, Internet wird immer mehr auch zu einem "weichen" Entscheidungskriterium der stark umworbenen Mitarbeiter. Die Erwartungen an modernste Technik, einer Nutzung dieser, privat und beruflich, wird erwartet. So ist das Firmennetz aber kaum zu schützen! Es ist eine ständige Gradwanderung zwischen Mitarbeitererwartungen an Komfort und Flexibilität einschränken einerseits und Sicherheit des Firmennetzwerkes andererseits.
Digitale Strukturen sind vernetzt. Die Vorteile können wir nur mit anderen, auf Ver-trauen und guter Kommunikation basierenden Arbeitsweisen voll nutzen. Man denke außerdem an die Möglichkeiten, von überall und jederzeit arbeiten zu können. Das erfordert ganz andere Mindsets.
Kultur und Teamspirit: Werden Teams durch die Unterstützung digitaler Systeme wirklich unterstützt, oder geht der für nachhaltigen Erfolg notwendige "Team-Spirit" mittel- bis langfristig eher verloren? Können wichtige Geschäfts- und Team-Beziehungen aufgebaut werden, die für eine effektive Zusammenarbeit, gerade in Veränderungen so wichtig ist?
Neue Software – die nicht (gut genug) mit der bisherigen kommuniziert, bedingt ei-ne komplette Umstellung. Lieferant von Hardware stellt auf neue inkompatible Soft-ware um, die nicht mehr mit den bestehenden Systemen kommuniziert Gesamtumstellung eines gesamten Produktionsstandortes zu teuer.
Dieses Thema an sich bringt wahrscheinlich noch einmal mehr Brisanz und weitrei-chendere Ideen in ein Brainstorming bezüglich Gefahren-Szenarien. Wird das mittlere Management ersetzt, indem "einfache" /bzw. Routine-Entschei-

dungen von programmierbaren Algorithmen abgelöst werden. Wer übernimmt dann die emotionale Führungsarbeit?

Ein weiterer vielleicht etwas wirrer Gedanke: Wird der Mensch zum "Roboter der Maschinen"? Sind kulturelle Auswirkungen langfristig nicht absehbar?

Entscheidungen zunehmend regelbasiert von Automaten, die den individuellen Kontext nicht beachten

Vergleichsportale sind eine Gefahr, sie schaffen vermeintliche Transparenz und wecken Erwartungen, die bei Firmen zu Problemen führen können. IT-Mitarbeiter hören überall dass sie "gesucht" sind, das man "woanders" viel mehr verdienen kann, … das weckt unrealistische Erwartungen, die vor allem KMU nicht halten können

Kunden lesen im Internet, was die Software des Mitbewerbers alles kann, aber häufig reicht das eigene Know-how nicht aus, die Komplexität der Softwarefunktionen wirklich zu begreifen. Entscheider machen einen "Blindflug" und begeben sich in Abhängigkeiten des Lieferanten auf Jahre hinaus… Verlust der Unabhängigkeit, die Software bestimmt dann die Prozesse.

Bringt mir eine umfangreiche Software für meine Geschäftsprozesse einen Mehrwert? Oder ist nicht der Aufwand alle Stammdaten zu pflegen so hoch, dass am Ende alles viel teurer aber nicht effizienter wird? Gerade für KMU ist sehr genau zu überlegen: selbst investieren oder outscourcen. Über eine "komplizierte" Software die Prozesse abbilden oder doch lieber "per Papier" – Was ist effizienter, günstiger?

"keine Vorstellung von einem digitalen Geschäftsmodell".

Kernpunkt: Wie kann ich digital wirklich einen Mehrwert für meine Kunden schaffen und wie sieht dann mein Geschäftsmodell aus?

Und wie gehe ich damit um, dass viele meiner heutigen Tätigkeiten dann u.U. im neuen Geschäftsmodell gar nicht mehr auftauchen?

IT Blindheit .. es wird nicht mehr gedacht, wie was gemacht wird, sondern es wird viel mehr Zeit in die Optimierung von IT Tools gesteckt, als sich zu fragen, was richtig und falsch, was value bringt und was nicht...

Menschen kommen nicht mehr bzgl. der neuen Formen der Arbeit (home-office, 24h Verfügbarkeit aber auch potentielle Arbeitszeit, Veränderte Kommunikation, etc) ins Burnout, sondern wegen höheren Anforderungen an die Organisation und Kommunikation. Ohne Digitalisierung, kein zukünftiger Erfolg.

Sich auf Digitalisierung einstellen.

Organisationsentwicklung wird vernachlässigt.

Menschen kommen nicht mehr mit bzgl. Beherrschung der IT Anwendungen

Das Internet und alle anderen Werkzeuge sind für sich genommen Technologien. Das gilt auch, wenn sie andere Formen und Möglichkeiten menschlichen Denkens und Handelns eröffnen. Aber die sind die Entscheidenden!!! Alle Maschinenintelligenz ist auf Effizienz ausgerichtet. Effizienz ist heute ein Muss, ohne das hast du im Wettbewerb keine Chance. Aber das kann heute jeder schnell und gut, sonst ist er weg vom Fenster. In dynamischen Zeiten ist die Nutzung der Möglichkeiten menschlicher Intelligenz viel entscheidender. Unser Problem ist nicht der Mangel an Fähigkeiten zur Prozessorganisation, sondern die Unfähigkeit, menschliche Intelligenz wirkungsvoll zum Rennen zu bringen. Wir haben kein Technologieproblem, das ist nur das Symptom. Bei Dynamik brauch ich gute Leute, ohne die ist Technologie garnix.

Können in fernerer Zukunft notwendig werdende Veränderungen auch noch rasch genug umgesetzt werden, oder werden diese immer komplexer / teurer etc. (Quasi: Wer heute auf das falsche Pferd setzt, der läuft morgen gegen die Wand??)

Zum Thema unerwarteter Gefahren siehe auch ein weiteres Beispiel in Welt.de: "Die Digitalisierung von Prozessen kann für das entsprechende Unternehmen viele Vorteile bringen. Welche das im Einzelnen sind, hängt stark von den Zielen der Firma und ihren Produkten ab. Die Chancen und Risiken müssen gründlich analysiert werden. Nur so ist eine fundierte Entscheidung möglich, wie weit die Digitalisierung im eigenen Unternehmen gehen soll bzw. darf. Ein Verzicht auf bestimmte Industrie-4.0-Fähigkeiten kann unter bestimmten Voraussetzungen sogar zu einer höheren Wirtschaftlichkeit und Effizienz führen." (Liggesmeyer 2017).

Peter Liggesmeyer ist geschäftsführender Institutsleiter des Fraunhofer-Instituts für Experimentelles Software Engineering in Kaiserslautern, Präsident der Gesellschaft für Informatik und Mitglied im rheinland-pfälzischen Landesrat für digitale Entwicklung und Kultur.

Es geht mir nicht darum, den Teufel an die Wand zu malen und Unternehmen abzuhalten, die Digitale Transformation anzugehen. Im Gegenteil: Es geht vielmehr darum, dass sich die Unternehmen Zeit nehmen, genau hinzuschauen, ob sie wann und wie und mit wem sich daran machen, Prozesse zu digitalisieren. Es geht darum, mögliche Gefahren zu identifizieren und sich auf diese vorzubereiten, entweder durch Vorbeugung oder durch Pläne, wie sie diese abwenden müssen, wenn sie auf dem Weg auftreten. Kurz: Professionelles, auf Nachhaltigkeit angelegtes Change Management ist noch wichtiger geworden als schon zuvor.

2.3 Menschenleben stehen auf dem Spiel

Es stehen Menschen auf dem Spiel. In den vergangenen Jahrzehnten ist durch unprofessionelles Change Management schon zu viel Flurschaden angerichtet worden. Change macht Stress, Stress macht krank ... und kann nicht nur Tinitus verursachen, sondern auch tödliche Krankheiten – siehe dazu z.B.: Christiane Pütter, "So krank macht Change" (2017). Mitarbeiter haben schlechte Erfahrungen gemacht, (ver)trauen ihren Chefs kaum mehr, tendieren dazu, Neues auszusitzen, wenn nicht gar zu torpedieren. Und das oft nicht mit der Absicht, stören oder etwas zerstören zu wollen, sondern mit der Absicht, das Unternehmen, dem man sich verpflichtet fühlt, vor Schaden zu bewahren.

"Wenn du es eilig hast, geh langsam. Wenn du es noch eiliger hast, mach einen Umweg." Japanische Weisheit.

3 Die SVIDT-Methode

SVIDT = Strengths, Vulnerabilities and Intervention Scenario Construction against Digital Threats

In der digitalen Transformation sind Menschen und Unternehmen mit großen Unberechenbarkeiten und Unsicherheiten nicht nur in den technischen Umweltsystemen (in den digitalen Innovationen) konfrontiert, sondern auch in Wirtschaft und Gesellschaft und in der Politik. Technik, Wirtschaft, Gesellschaft und Politik, und damit auch die Menschen, stehen in einem schwer durchschaubaren Wirkungszusammenhang – siehe unten ein vereinfachtes Schaubild, wie ein Unternehmen eingebettet ist in wirtschaftliche, gesellschaftliche und politische Zusammenhänge und wie es interagiert mit Mitbewerbern, Lieferanten, Partner, Kunden, etc. Digitale Innovationen haben Auswirkungen auf alle diese Systeme, die miteinander vernetzt sind und sich gegenseitig beeinflussen. Jedes einzelne Unternehmen ist in seine eigenen spezifischen Systemzusammenhänge eingebunden und muss daher jeweils in Transformationsprojekten diese Zusammenhänge sichtbar machen und reflektieren.

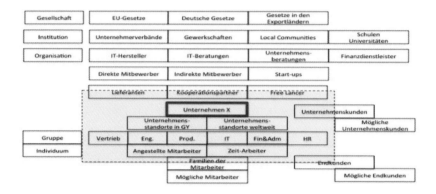

Der Wissenschaftler Roland Scholz (2017) hat mit SVIDT eine Methode entwickelt, mit der man die Vulnerabilität (Verletzbarkeit) menschlicher Systeme (Individuum, Gruppen, Organisationen (Unternehmen), Institutionen, Gesellschaft) gegenüber den digitalen Trends "assessen" und verringern und die adaptive Kapazität vergrößern kann.

3.1 Ziel der SVIDT-Analyse

Wie können/müssen unter dem Gesichtspunkt der digitalen Transitionsszenarien und unter Berücksichtigung der Erwartungen und Entscheidungen von Rahmenakteuren und Stakeholdern die Kompetenzen der Eigner, Manager und Mitarbeiter, das innere Zusammenwirken dieser Personen, sowie die Organisationsstrukturen und Prozesse als auch die Interaktionen mit Zulieferern, Kunden, Beratern, behördlichen Vertretern etc. verbessert werden, sodass der Ertrag (engl.: *productivity*) und die Entwicklungsfähigkeit oder/und Wirtschaftlichkeit (engl.: *viability*) erhalten und gestärkt wird?

Mit der SVIDT-Methode sollen Unternehmen befähigt werden, mit potentiellen Gefährdungen und Opportunies von Digitalen Technologien angemessen umgehen zu können, durch methodisch durchgeführte Analysen und Fakten gestützt die richtigen Entscheidungen zu treffen und die richtigen Schritte zu unternehmen, um erfolgreich handeln und wirken zu können.

In einer mehrstufigen Analyse werden für relevante Veränderungs- und Gefährdungsszenarien passende Handlungsszenarien erstellt und bewertet hinsichtlich ihrer Bedeutsamkeit und Dringlichkeit sowie ihre zeitliche Priorität.

3.2 Die SVIDT-Methode: Ein Stress-Test

Bei genauem Hinschauen ist die SVIDT-Methode ein Stress-Test für Unternehmen, durchaus zu vergleichen mit dem Stress-Test für Banken.

- Ist die adaptive Kapazität des Unternehmens groß und stark genug, den Digitalen Wandel nicht nur zu überstehen, sondern sogar die Vorteile daraus zu ziehen?

- Und was sind die Auflagen, die die Manager erfüllen müssen, die Maßnahmen, die sie ergreifen müssen, um nicht existentiell bedroht zu sein?

Scholz beschreibt das so:

Erhöhung der Adaptiven Kapazität

- Akribische Diagnose und Bewertung der Risiken durch den Digitalen Wandel, denen ein Unternehmen bereits ausgesetzt ist und der Risiken, die sich in den nächsten Jahren (hier sollte ein Zeitfenster unter drei Jahre gelegt werden)

- Genügend Ressourcen bereitstellen, um die Aussetzung den Gefährdungen gegenüber (*exposure*) und die Verletzbarkeit (*vulnerability*) reduzieren sowie die Robustheit (*robustness*) erhöhen zu können.

SVIDT kann und sollte man grundsätzlich einsetzen, bevor man sich für irgendeine Digitalisierungsmaßnahme entscheidet. Eine Art Stresstest, um zu sehen ob man und wie man grundsätzlich fit ist, in der digitalisierten Welt zu bestehen. Indem man

- mögliche Gefahren durch die Digitalisierung für das Unternehmen identifiziert,

- Strategien dafür entwickelt, wie man Gefährdung (*exposure*) und Sensitivität reduzieren sowie die Adaptive Kapazität erhöhen kann,

kann man die Viabilität (Lebensfähigkeit), die Performance und die Resilienz eines Unternehmens in den Herausforderungen der Digitalen Transformation steigern und es so erst wirklich ermöglichen, die Transformation zu schaffen und sich im Markt mit neuen Geschäftsmodellen stark und attraktiv aufzustellen. Mit SVIDT kann also eine nachhaltige Transformation des Unternehmens gelingen.

Dies sind die Schlüsselfragen:

- Welche Rebound-Effekte (Bumerang-Effekte)werden wir uns einhandeln, wenn wir Prozesse digitalisieren und was können/müssen wir jetzt schon oder später tun, um diese zu vermeiden?

- Wie können wir uns ggf. mit unseren vorhandenen Mitteln anpassen (*assimilation*) bzw. was fehlt uns, was müssen wir neu aufbauen/entwickeln (*adaptation*), um die Digitalisierungsmaßnahme zum geplanten Erfolg zu führen?

SVIDT geht nicht intuitiv nach Bauchgefühl, sondern wissenschaftlich-methodisch vor und erarbeitet quantitative Fakten. Die Risiken und Chancen für und die Adaptive Kapazität des Unternehmens werden quantitativ bewertet. Darauf aufbauend kann dann das Unternehmen entscheiden,

- ob es Risikominimierung betreiben möchte und quasi zum Innovation Leader werden will.

- oder, ob es zunächst erst einmal seine Adaptive Kapazität erhöht, um in naher Zukunft – dann gut vorbereitet – die Anpassung (im Mainstream) erfolgreich mitzumachen.

Mit der Anwendung der SVIDT-Methode, bevor (größere) Veränderungen anvisiert und geplant werden, kann man zudem genügend Informationen und Einsichten in den Ist-Zustand des Unternehmens und über die angesichts der Digitalen Tsunamis notwendigen internen Innovationen bzw. Changes erarbeiten. Das sind Information und Argumentationshilfen für die Betroffenen, die Beteiligten und auch die Interessierten.

Dabei ist es dringend empfehlenswert, die SVIDT-Methode mit dem Accounting zu verbinden und mit Hilfe von Key Performance Indicators ausgehend vom gegenwärtigen Zustand die erwarteten Gewinne abzuschätzen und für den jeweiligen Stand der Transformation die Kosten bzw. Investitionen und den Fortschritt des Transformations-Projektes zu messen.

4 Der SVIDT-Prozess

4.1 Eine Übersicht

So stellt Scholz den SVIDT-Prozess dar (2017, S. 554):

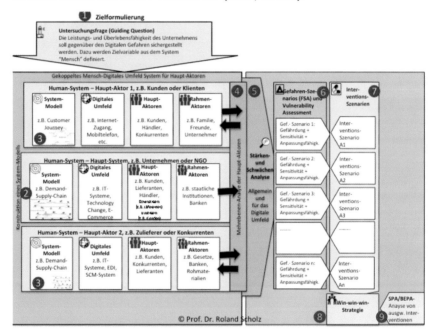

© Prof. Dr. Roland Scholz

4.2 Die 10 rekursiven Phasen des SVIDT-Prozesses

Höchst selten wird dieser Prozess jeweils nach einer abgeschlossenen Phase automatisch in eine nächste Phase übergehen. Erkenntnisse und/oder neue Fragen machen es mit hoher Wahrscheinlichkeit notwendig, der agilen Methodik entsprechend, auf frühere Phasen zurückzugehen und die Ergebnisse der Phasen abzuändern. Dadurch kann sich nicht nur das Projekt bzw. die Vorgehensweise verändern, sondern auch die Teamzusammensetzung. Die Darstellung der SVIDT-Analyse in Kreisform mit den überlappenden Kreisen (siehe folgende Grafik) soll dies verdeutlichen. Scholz nennt das "Rekursivität". Im modernen Slang der IT-Entwicklung nennt man solches Vorgehen dieser Tage "agiles Vorgehen".

Daher ist es auch wichtig, die Schlüsselpersonen in den Subsystemen (Aktoren), sprich in den beteiligten und/oder betroffenen Unternehmensbereichen zu identifizieren und ggf. im Kern-Team oder im erweiterten Team einzubeziehen. Diese wiederum können bzw. werden helfen, genauer zu verstehen, wie das Unternehmen funktioniert. Und ggf. wird in der Zusammenarbeit mit (weiteren) Aktoren und durch das tiefere Verstehen des Systems auch die Zielstellung verändert.

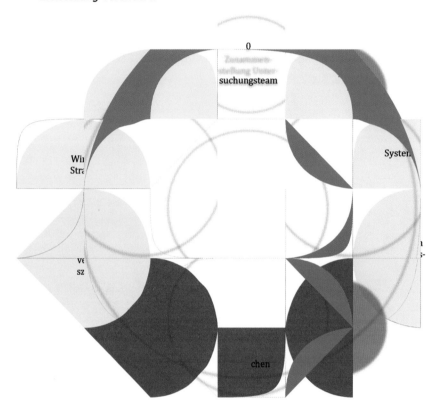

4.3 Der SVIDT-Prozess: Kurzfassung

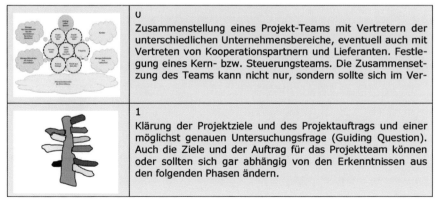

	0 Zusammenstellung eines Projekt-Teams mit Vertretern der unterschiedlichen Unternehmensbereiche, eventuell auch mit Vertreten von Kooperationspartnern und Lieferanten. Festlegung eines Kern- bzw. Steuerungsteams. Die Zusammensetzung des Teams kann nicht nur, sondern sollte sich im Ver-
	1 Klärung der Projektziele und des Projektauftrags und einer möglichst genauen Untersuchungsfrage (Guiding Question). Auch die Ziele und der Auftrag für das Projektteam können oder sollten sich gar abhängig von den Erkenntnissen aus den folgenden Phasen ändern.

2

Eine möglichst möglich grafisch-übersichtliche Darstellung des "Unternehmens" als ein System bzw. eine Organisation, eingebettet in übergeordnete Systeme (andere Organisationen (Lieferanten, Kooperationspartner, Mitbewerber, Kundenunternehmen, individuelle Kunden, Institutionen und Gesellschaft) und gebildet aus einer Vielzahl von Subsystemen (Unternehmensbereiche, Individuen). Unabhängig von den engen Grenzen durch die legale Definition werden die für die Analyse im Projekt geltenden Unternehmensgrenzen festgelegt. Es könnte z.B. sein, dass enge Kooperationspartner, auch wenn sie rein legal nicht zum Unternehmen gehören, so eng mit dem Unternehmen zusammenwirken, dass sie für diese anstehenden Analysen als Subsystem des Unternehmens gesehen werden müssen.

In dieser Phase werden als Nebenprodukte bereits Stärken und Schwächen des Unternehmens sichtbar. Hier sollten man aber noch nicht weiter in deren Analyse eintreten. Es reicht in dieser Phase, sie zu notieren, um sie dann in Phase 6 zu erweitern und im Detail anzuschauen.

3

Definition der Aktoren, wie z.B. Wirtschafts- oder Umweltverbände oder die Politik und die Gesetzgebung, die kommunalen Behörden, die das Unternehmen beeinflussen. Dazu gehören auch die internen und externen Schlüsselpersonen (Stakeholder), die ein Interesse an bzw. im Unternehmen haben, die involviert und/oder informiert werden wollen und sollen, mit denen man zusammen Win-Win-Lösungen finden muss.

Ggf. muss man dann aufgrund der Definition der Systemgrenzen und aufgrund der Definition von Aktoren und Schlüsselpersonen das Projekt-Team anders zusammensetzen und z.B. Vertreter von Kooperationspartnern oder Lieferanten aktiv einbinden.

4

Detail-Analyse des Systems "Unternehmen": Wie wirken die Subsysteme zusammen. Wie beeinflussen sie sich gegenseitig? Wie sind die Strukturen und Prozesse (über die formale Blaupause hinaus) gestaltet und wie werden sie in der Realität gelebt. Daraus soll ein klares und übersichtliches Bild der Prozess-Landschaft des Unternehmens entstehen. Die Beschreibungen und Erkenntnissen aus Phase 3 helfen dabei. Erstellung einer übersichtlichen Visualisierung auf einem Chart.

Wenn dann die Sub-Systeme bzw. Prozesse deutlich sichtbar sind, kann und sollte man die weitergehenden Analyse-Schritte auf ein ausgesuchtes Sub-System konzentrieren (siehe dazu die Untersuchungsfrage).

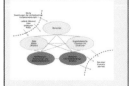

5

Analyse der Stärken und Schwächen des Unternehmens als Ganzes und ggf. auch jedes einzelnen Unternehmensbereiches sowie der verschiedenen Locations (Subsysteme). Dabei auch Rückgriff auf das Material aus Phase 3.

Nach der folgenden Phase (Gefahren-Szenarien) dann eine notwendige Rückkehr zu Phase 5, denn Stärken und Schwächen sind nicht absolute Stärken und Schwächen, sondern werden zu solchen relativ bzw. durch die Gefahren. Je nachdem wie und wie stark das Unternehmen oder einzelnen Bereiche den Gefahren ausgesetzt sind, kann eine Stärke zur Schwäche werden oder eine Schwäche sogar eine Stärke.

6

Analyse der Digitalisierungstrends. Welche potentiellen Gefahren kommen auf das Unternehmen zu bzw. könnten jetzt oder/und später bei der Implementierung bzw. bei der Nicht-Implementierung von neuen Techniken (z.B.: KI, Cloud, Big Data, ioT, etc.) auf das Unternehmen bzw. auf die Menschen im Unternehmen zukommen?

Das ist keine pessimistische Schwarzmalerei, sondern man will sicherstellen, dass man das Neue auch tatsächlich effizient implementieren und die geplanten Performance-Steigerungen auch tatsächlich erzielen kann. Also ein Brainstorming von potentiellen Gefahren. Die gesammelten Gefahren werden zu Gefahren-Szenarien gebündelt.

Durch die Brille dieser Gefahren-Szenarien werden die in Phase 5 gefundenen Stärken und Schwächen noch einmal gecheckt.

Im nächsten Schritt wird untersucht, wie stark das Unternehmen (bzw. einzelne Unternehmensbereiche) den Gefahren ausgesetzt sind und wie sensibel das Unternehmen (bzw. die Unternehmensbereiche) auf die Gefahren reagieren würden bzw. werden.

Und schließlich wird die Adaptive Kapazität des Unternehmens (bzw. der Unternehmensbereiche) analysiert: Wie gut ist das Unternehmen darauf vorbereitet und dafür mit Ressourcen ausgestattet, das Unternehmen gegen die Gefahren zu schützen und/oder sich den digitalen Entwicklungen anzupassen (Assimilation) oder sich ggf. (in Teilen) neu aufzustellen (Adaptation)?

7

Erst jetzt, nach sorgfältiger und umfangreicher Analyse des Unternehmens und der Digitalen Trends, beginnt man über mögliche Interventionen nachzudenken, zu planen und zu starten.

Sofort ein Brainstorming? Langsam!

Zunächst wird (noch einmal) definiert, was präzise die Suchfrage ist. Denn je nach Frage wird man andere Interventionsideen finden. Solange jeder der am Brainstorming Beteiligten eine andere Suchfrage im Kopf, riskiert man eine Kakophonie von Ideen; das führt leicht zu unnötigem Streit, was denn nun zu tun sei.

Vorgehen: Die gegenwärtige Problemsituation wird noch einmal möglichst genau definiert. Dann muss das Ziel der digitalen Transformation möglichst klar definiert werden: Wie soll die zukünftige Situation aussehen?) . Aus der Differenz zwischen Ist und Soll ergibt sich die Suchfrage. Erst dann können bzw. sollten Sie nach Wegen bzw. nach Interventionsszenarien suchen, um Ihr Ziel/Soll zu erreichen.

Diese Interventionen sind dann Teilprojekte innerhalb des übergreifenden Projektes "Fit for Digitization" bzw. "Stärkung der adaptiven Kapazität".

Und schlussendlich wird in dieser Phase ein Zeitplan definiert, wann welches Teilprojekt starten und wann es beendet sein soll; es ergibt sich eine Reihenfolge (siehe Balkendiagramm).

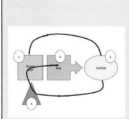

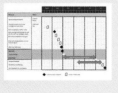

	8 In Phase 4 wurden die Stakeholder identifiziert und bereits deren Rolle im Digitalisierungsprojekt sowie deren Charakteristika und deren Einstellung zum Unternehmen analysiert. Vielleicht wurden einige der Stakeholder sogar in das Projektteam aufgenommen oder mindestens fortlaufend informiert. Spätestens jetzt ist es an der Zeit, die Stakeholder einzubinden und mit ihnen die geplanten Interventionen bzw. Projekte abzustimmen, denn sie werden auf jeden Fall davon betroffen sein und können zu Helfern aber auch zu Hinderern werden.
	9 Der abschließende Schritt sollte auf jeden Fall sein, die Nachhaltigkeit der geplanten Interventionen bzw. Projekte zu überprüfen: Hat das Unternehmen den Willen und die Ressourcen, die Interventionen umzusetzen? Wie realistisch sind diese? Werden die Interventionen Erfolg haben? Welche potentiellen Probleme könnten jetzt oder später die Interventionen verhindern und was könnte man jetzt schon oder später dagegen tun, im Falle die Probleme treten auf? Ggf. muss man dann zurück zur Entwicklung neuer Interventionsszenarien (Phase 8).

Peter Drucker hat einmal gesagt: "Structure follows Strategy". Drucker würde heute sagen: "Structure follows Technology, Technology follows Strategy".

Die Einführung neuer technischer Innovationen ist kein Selbstzweck. Bekannte und neue geschäftliche Ziele sollen leichter erreicht werden, vorausgesetzt Strukturen, Prozesse, Verhalten von Managern und Mitarbeitern – oder kurz gesagt "die Unternehmenskultur" – sind darauf ausgerichtet, und auch vorausgesetzt, das Unternehmen hat eine hohe adaptive Kapazität und ist fit für die Digitale Transformation.

Besondere Merkmale der SVIDT-Methode

1

Mehrebenen-Systemmodell
Das Unternehmen eingebettet in übergeordneten Systemen.

2

Präzise Untersuchungsfrage (Guiding Question)
Fokussierung der digitalen Veränderungsanalyse
durch auf umfassende Leistungsindikatoren zielende Zielformulierung.

3

Systemmodell des Unternehmens
aufbauend auf Einflussfaktoren (Impact Factors)

4

Identifizierung von für das spezifische Unternehmen
relevanten Digitale Innovationen

5

Erstellung von Bedrohungs- und Chancen-Szenarien

6
Digitale Stärken- und Schwächenanalyse
SWOT-Analyse wesentlich erweitert und präzisiert durch eine
Wirkungs- und Vulnerabilitätsanalyse für relevante digitale Innovationen
7
Interventions-Szenarien
basierend auf wissenschaftlicher Analyse des Digitalen Change Managements
8
Stakeholder-Analyse zur Erarbeitung von Kooperationsoptionen
(Win-Win-Strategien)
9
Planung von Maßnahmen zur Erhöhung der Anpassungsfähigkeit
(Adaptive Kapazität)
10
Die SVIDT-Methode ist eine hybride Methode,
in der weitere in den Unternehmen bekannte Methoden integriert werden können.
Die digitale Transformation zeichnet aus
durch große Unberechenbarkeiten (Imponderabilien)
gegenüber zukünftigen Unsicherheiten in Wirtschaft und Gesellschaft, in den Unternehmen, und auf jeden Fall für die Menschen.

Unique Selling Points der SVIDT-Methode
1
SVIDT hilft durch wissenschaftlich-methodisches Vorgehen
begründete und nachvollziehbare Entscheidungen zu treffen,
welche Prozesse ein Unternehmen, mit welchen Innovationen
wann und wie und mit wem digitalisieren will,
also eine auch für die Stakeholder nachvollziehbare nachhaltige Digitalisierungsstrategie zu entwickeln.
2
SVIDT bewertet die Risiken und Chancen der digitalen Innovationen
und die Adaptive Kapazität quantitativ.
3
SVIDT arbeitet mit KPIs, kann und sollte also mit dem Controlling verbunden werden.
Damit kann man die Kosten für einen Innovationsprozess
und die erwarteten Gewinne abschätzen.
4
Basierend auf diesen gesicherten Grundlagen zur Einschätzung des Risikos
kann das Unternehmen entscheiden,
ob es Risikominimierung betreiben möchte
und sich mit an der Front der Innovation befindet.
Oder,
ob es zunächst die adaptive Kapazität erhöht,
um in naher Zukunft dann
– gut vorbereitet –
die Anpassung (im Mainstream) erfolgreich mitzumachen.

Kurz:
Nachvollziehbare, methodenbasierte, wissenschaftliche Fundierung
aller Analysen und Empfehlungen.

SVIDT ermöglicht nachhaltigen Change = Transformation.
Kein Digital Lab *ohne vorher mit der SVIDT Methode* *die Herausforderungen für das Unternehmen* *in der Digitalen Transformation* *sowie die Zielsetzung für das Lab* *klar definiert zu haben.* Siehe dazu z.B. auch Fraunhofer FIT, Presseinformation: "Digitale Labs sind nicht die Lösung! Manager kritisieren digitale Schnellschüsse" (2017)

4.4 SVIDT-Guide für Coachs, Berater, Moderatoren

- Der SVIDT-Stresstest kann in einer Reihe von Workshops mit ausgearbeiteten Ergebnisprotokollen und tiefer gehenden, wissenschaftlichen Analysen zwischen den einzelnen Phasen durchgeführt werden.

- Wenn Sie es eilig haben, könnte man das auch in einem Workshop mit 3 Modulen von 4 Stunden auf 3 hintereinander folgenden Tagen verteilt durchziehen; die "freien" halben Tage dienen der Dokumentation der Ergebnisse.

- Ein Coach/Berater könnte diesen Prozess aber auch in einer 2-stündigen Beratungs- bzw. Coaching-Session mit einem Topmanager durchführen, quasi als Demonstration (Appetizer) dafür, wie die SVIDT-Methode funktioniert, und um ihn/sie zu überzeugen, diesen Prozess mit einem Projekt-Team ausführlicher und tiefer schürfend durchzuführen.

Hier sind die 10 Fragen (bzw. Fragenbereiche), die man als Berater oder Coach einem Manager stellen sollten, und zwar in dieser Reihenfolge.

0	Falls Sie schon daran denken, nach unserem Gespräch ein Team daran zu setzen, den SVIDT-Prozess in seinem vollen Umfang einzusetzen, sollten Sie sich schon mal überlegen, wie dieses Team aussehen könnte: • Wie wollen Sie das Projekt-Team zusammensetzen (Kern-Team und erweitertes Team)? • Welche Personen für welche Rollen? • Wie wollen Sie sicherstellen, dass das Projektteam heterogen aus den unterschiedlichen Funktionen im Unternehmen zusammengesetzt ist? Vielleicht sollten Sie auch dafür sorgen, dass die Mitglieder nicht nur aus unterschiedlichen Fachrichtungen kommen, sondern auch unterschiedliche Persönlichkeitsprofile haben.
1	Gehen wir nun in den Prozess mit der SVIDT-Methode: Ihre Ziele: • Was wollen Sie grundsätzlich mit der Digitalisierung erreichen? • Anhand welcher Kriterien werden Sie messen wollen, ob Sie diese Ziele erreicht haben werden? • Welche Ziele soll das Projekt-Team erreichen?
2	Bevor wir mit der Analyse Ihres Unternehmens beginnen, definieren wir erst einmal das Unternehmen als System: • Wie schaut das Systemumfeld aus, in dem Ihr Unternehmen eingebettet

	ist? • Wer sind ihre Partner-Unternehmen? Lieferanten? Free Lancer? • Kunden (Endkunden, Business-Kunden) • Aus welchen Subsystemen setzt sich Ihr Unternehmen zusammen (Bereiche, Abteilungen, Locations, Supply and Demand Chain, Process Landscape, …) • Wo ziehen wir für diese Untersuchung die Grenzen des Systems?
3	Wenn wir nun auf das System und das Umfeld schauen: • Wer sind die Aktoren? Wer sind Schlüsselpersonen außerhalb und in Ihrem Unternehmen? • Was sind deren Interessen und wie schätzen Sie deren Bedeutung für Sie ein? • Wie könnten bzw. sollten Sie diese in den Prozess einbinden? • Sollten diese sogar aktiv im Team oder gar Kern-Team mitmachen?
Check	Nachdem wir nun die Aktoren und Schlüsselpersonen identifiziert haben: Müsste man die Team-Zusammensetzung ändern?
4	Ein detaillierter Blick nach innen. Schauen wir nun genauer auf Ihr Unternehmen, um zu verstehen, wie es tatsächlich funktioniert: • In welchen gegenseitigen Abhängigkeiten steht Ihr Unternehmen zu Ihren Partnern (Lieferanten, Kooperationspartner, Unternehmenskunden, Endkunden…)? • In welchen gegenseitigen Abhängigkeiten steht Ihr Unternehmen zu Systemen höherer Ebene (Verbände, Gesellschaft und Politik, …)? • Wie spielen die Subsysteme in Ihrem Unternehmen zusammen (Strukturen, Rollen, Prozesse, Manager, Mitarbeiter)?
Check	Ausgehend von diesen Erkenntnissen: Wie müssten die Ziele des Digitalisierungsprojektes und/oder die Ziele für das Projekt-Team angepasst werden?
5	Wir haben das System definiert und haben es im Detail analysiert, wie es zusammenspielt. Nun die einfache, aber weit gefächerte Frage: • Was sehen Sie als interne Stärken, was sehen Sie als interne Schwächen des Systems (Strukturen, Rollen, Prozesse, Manager, Mitarbeiter, Produkte, Services, Partnerbeziehungen, Kundenbeziehungen)?
6	Soweit der Blick nach innen. Wenden wir nun den Blick nach außen: • Welche digitalen Trends sehen Sie auf Ihr Unternehmen/System zukommen? Schauen wir genauer hin: • Wie wird Ihr Unternehmen von diesen Trends betroffen sein? • Wie ist Ihr Unternehmen diesen Trends ausgesetzt? • Welche Trends könnten sich angesichts der bekannten Stärken und Schwächen als Gefahren auswirken? • Wie schätzen Sie die adaptive Kapazität Ihres Unternehmens ein, d.h. • welche Ressourcen haben (brauchen) Sie, um sich anzupassen oder zum Teil neu aufzustellen, damit Sie die angezielten Vorteile der digitalen Möglichkeiten auch erreichen?
Check	Mit den Erkenntnissen über diese Gefahren schauen wir noch einmal auf die Stärken und Schwächen: Gibt es Stärken, die man nun ggf. als Schwächen sehen muss? Oder andererseits auch Schwächen, die man nun ggf. als Stärken sehen kann?
7	Nun gehen wir daran, Ideen bzw. Interventionen zu finden. Sie wollen ja Ihre Digitalisierungspläne absichern und die o.a. erwähnten Ziele erreichen und absichern. Daher: • Was könnten Sie tun, um einerseits die adaptive Kapazität Ihres Unternehmens gegen digitale Gefahren zu stärken?

	• Wie könnten Sie andererseits Ihr Unternehmen anpassen? • Welche grundlegenden Änderungen müssten Sie im Unternehmen vornehmen? • Was könnten Sie tun, um identifizierte Gefahren jetzt oder/und später abzuwehren? Und auch: • Wer in Ihrem Unternehmen könnte diese Interventionen weiter ausarbeiten und managen? • Wie setzen Sie das Projekt-Team für die Interventionen zusammen? • Wie wirken diese Interventionen aufeinander ein? • In welcher Reihenfolge müsste man die Interventionen angehen?
8	Wie wohl klar ist, brauchen Sie für den Erfolg der Interventionen auch Ihre externen Partner und Ihre Mitarbeiter. Auch diese werden in unterschiedlichem Ausmaß von Ihren Interventionen betroffen sein, also Gewinner oder Verlierer sein. Gehen wir noch einmal zurück auf die in Phase 4 identifizierten Aktoren und Schlüsselpersonen: • Haben Sie alle relevanten internen und externen Stakeholder auf Ihrer Liste? Welche müssten noch hinzugefügt werden? Welche können Sie streichen? • Welche Win-Win-Lösungen können Sie sich vorstellen und diesen Partnern vorschlagen?
9	Last, but not least, nehmen wir uns, bevor Sie die Interventionen starten können, noch Zeit, um zu prüfen, wie realistisch diese Interventionen sind: • Haben Sie den Willen und die Ressourcen, die Interventionen umzusetzen? • Wie realistisch sind diese? • Werden sie Erfolg haben? Wie schwer bzw. einfach sich die Interventionen durchsetzen (jede Intervention bedeutet Change im Unternehmen)? Und auch: • Welche Probleme könnten bereits heute oder/und später auftreten und was könnten Sie heute oder/und später tun, um diese zu bekämpfen und die Interventionen abzusichern?
Check	Gehen wir das alles noch einmal kurz durch. Okay? Dann sollten Sie jetzt ein Team berufen und ein Briefing bzw. Kick-off mit dem Team machen.

5 Literatur

Fraunhofer FIT, Presseinformation (22.6.2017): Digitale Labs sind nicht die Lösung! Manager kritisieren digitale Schnellschüsse. https://www.fit.fraunhofer.de/de/presse/17-06-22.html

Hilbert, Martin, Priscila López (22.6.2017): The World's Technological Capacity to Store, Communicate, and Compute Information, http://www.ris.org/uploadi/editor/13049382751297697294Science-2011-Hilbert-science.1200970.pdf

Kreimeier, Nils (13.07.2017): Was die neuen Digitalfabriken tatsächlich bringen, Bericht zu einer Untersuchung der Hamburger Managementberatung Infront Consulting, stern.de. https://newstral.com/de/article/de/1070127389/was-die-neuen-digitalfabriken-tatsächlich-bringen

Liggesmeyer, Peter (11.07.17): Bilanz Digitaler Wettbewerb. Wie viel Industrie 4.0 braucht Deutschland wirklich? Welt.de. https://www.welt.de/wirtschaft/bilanz/article166535054/Wie-viel-Industrie-4-0-braucht-Deutschland-wirklich.html

Pütter, Christiane (03.01.2017): Digitalisierung nicht überstürzen, Computerwelt.de. http://www.computerwelt.at/news/technologie-strategie/cloud-computing/detail/artikel/118936-digitalisierung-nicht-ueberstuerzen/

Pütter, Christiane (19.06.2017): So krank macht Change, CIO.de. https://www.cio.de/a/so-krank-macht-change,3558442

Scholz, R. W. (2017): Digital threat and vulnerability management: The SVIDT Method. Sustainability, 9(4), 554. http://www.mdpi.com/2071-1050/9/4/554

Scholz, R. W., Blumer, Y. B., & Brand, F. S. (2012): Risk, vulnerability, robustness, and resilience from a decision-theoretic perspective. Journal of Risk Research, 15(3), 313-330. http://www.tandfonline.com/doi/abs/10.1080/13669877.2011.634522

Scholz, R. W., & Tietje, O. (2002): Embedded case study methods: Integrating quantitative and qualitative knowledge. Thousand Oaks, CA: Sage.

Siebenhaar, Hans-Peter (13.08.2016): Rückzug von Mr. Future, Handelsblatt.de.
http://www.handelsblatt.com/my/unternehmen/management/trendforscher-matthias-horx-rueckzug-von-mr-future/19513334.html

Steiner, Gerald (2010): Das Planetenmodell der kollaborativen Kreativität. Systemisch-kreatives Problemlösen für komplexe Herausforderungen.

Statista, Das Statistik-Portal (2016): Anzahl der Unternehmen in Deutschland nach Beschäftigungsgrößenklassen (Stand Oktober 2016). https://de.statista.com/statistik/daten/studie/1929/umfrage/unternehmen-nach-beschaeftigten groessenklassen/

Search-Based Dashboards Approach and Challenges

Eduard Daoud

interface projects GmbH, Dresden, Germany

Eduard.daoud@interface-projects.de

Effectivity and productivity in the web-based production business has become increasingly important. System wide information access and exploring big data plays a special role when it comes to increasing productivity and enhancing the quality of outcomes within an organization. Exploring and accessing large data sets saved in heterogeneous data sources is one of the current challenges for enterprises. Web-based information access platforms could meet this challenge but a human-centered perspective is needed. Interfaces to these platforms should support a user-centered approach. In this paper, a search-based dashboard for exploring large data sets and accessing relevant information has been designed and developed. Data search affects both query formulation as well as result exploration and discovery in a completely personal way. This approach introduces many opportunities, but also many challenges, in terms of data connectivity, user interface design, and privacy.

1 Introduction

Information access technology is becoming increasingly important and has a special role within an organization when it comes to making information and data from various systems accessible for employees and management (Susan Feldman 2009).

As one of these rapid developments is focused on search-based approaches, industry research shows that engineers spend as much as 30 % of their time searching for key business information (Susan Feldman 2004). An advanced information access solution like enterprise search goes beyond simply finding and retrieving content to allowing a company to organize and utilize their full structured and unstructured data, providing quick, relevant results to users; personalized regardless of their business silo. Enterprise search is a key technology for enhancing company efficiency and competitiveness (W Lazonick 2015). Such information access solutions and capabilities should provide three core elements: an easy to use graphic user interfaces for powerful semantic search, support user-centered approach, and enable collaboration between users. These three important elements enable the end users; they simplify the ability to find, access, and understand data.

2 Search-based dashboard approach

Search-based dashboard (SBD) is a user-centered interactive web interface built on a platform that is capable of decoupling data with connectors from its original source and uses a search engine index at its core. Unlike traditional software applications that can only query content in a database, a search-based dashboard can query the index (which is built from structured, semi-structured and unstructured content sources) and can return the results of the query in a single, unified view (Gregory Grefenstette and Laura Wilber 2011).

Search-based dashboards exploit the capability to slicing and dicing information on-the-fly. To understand the concept of a search-based dashboard approach, the way how a search-based dashboards works must firstly be addressed. This is illustrated in the following figure.

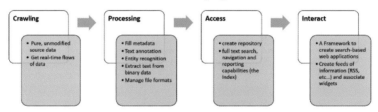

Figure 1: How Search Based Applications Work

In a SBD, a search engine crawls content from data source(s) (Crawling). Whatever the number or type of resources indexed, a single structured data layer is created, decoupling data from underlying applications while preserving existing data attributes (e.g. classification information stored in relational data tables, and metadata like document file type, author and creation date). The engine then uses semantic technologies to reconcile formats, structures and terminologies, and to identify embedded meanings and relationships within and across resources, enriching data with new attributes gleaned from the content itself (Processing). This enhanced, unified data layer can then be directly queried by users (Access), or easily tapped by applications using standard Web formats and protocols (SOAP, REST, XML, RSS, RDF, OWL, etc.) (Interact).

To continue understanding this approach, the difference to the conventional way to access data needs to be demonstrated.

2.1 The Difference between Search-Based Dashboards and the traditional Database-Centered Approach

Search-based dashboards provide information access faster and far more cheaply than relational database querying (Gregory Grefenstette and Laura Wilber 2011). Because search engines are uniquely designed for fast information access ('read' operations) by vast numbers of users against massive data volumes, shifting queries from a database to an index can significantly reduce costs (e.g. database offloading), even as access is expanded and performance is improved The relational database technologies have defined information access for the enterprise since the 1980s, and the Web since the late 1990s, serving not only as the primary means for storing information, but also for accessing it (Gregory Grefenstette and Laura Wilber 2011).

In the traditional database application model, data is entered in a relational database, and end users access this data via pre-determined Structured Query Language (SQL) queries. For IT, if costs or complexity become prohibitive, access is simply restricted. This heavy hit-or-miss, single-source model is out of step with today's fluid information landscape (Gregory Grefenstette and Laura Wilber 2011).

In the next table, the differences are summarized (Gregory Grefenstette and Laura Wilber 2011):

Attributes	traditional Database-Centered approach	Search-based Dashboard
Users	Limited number of users Usage complexity, production costs	Large number of users Ease of use, traffic scalability
Interface	Heavy one-shot development	Agile applications Simple data access, use of standard web technologies
Querying	Dedicated resources Datamarts, additional hardware	Generic data layer High performance querying
Data Source	Structured data	Structured, semi-structured and unstructured data

After having provided an understanding the new approach and the difference to the traditional database approach the next section illustrates the user-centered approach based on an example.

2.2 An Example for a User-Centered Approach in a Search-Based Dashboard

The fundament of the search-based dashboard is the system-wide indexing throughout various data sources. Results/hits of pre-configurable search queries are presented in free placeable widgets as component on the dashboard. The dashboard layout supports personalization capabilities for every widget. The functional focus is the simplest possible personal adaptability of the dashboard, so that very individual information needs can be served. The following project dashboard provides an example.

Figure 2 Dashboard example

The search-based architecture in this approach assumes integration into the existing infrastructure as login or SSO (single sign on) to provide a personalization of the dashboard and at the same time guaranty the privacy.

The search-based presentation of business information is completed by particular widgets, which can show RSS-feeds, current issues, tasks in real-time or contain links as navigation to relevant knowledge areas.

This search-based dashboard approach introduces new opportunities, but also challenges, in terms of data connectivity, user interface design, and privacy, which will be discussed in the next section.

3 Challenges for search-based dashboards

The challenges for search-based dashboards are on the one hand connectivity and semantic/search performance in a huge amount of data and content, and on the other hand privacy. It is possible to perform all the necessary analysis for a rich search solution on a web server, but if a file server needs to be indexed with more than a million documents, it is very difficult to do more with this than full-text indexing (e.g. in such usage scenarios it is not reasonable to perform detailed linguistic and text structure analysis) (Gregory Grefenstette and Laura Wilber 2011).

The limitations for the semantic notation of metadata is e.g. quality of data and text extraction tools. Semantic analysis makes no sense if the text and meta-data extraction component is not a stable piece of software; it must be able run 24/7 without crashes and memory leaks (Christina Korger 2016).

The security access for search results is the next challenge (see different user management of databases, fileservers and PLM), because it is essential to guaranty that every search-based dashboard user accesses only the aggregated data results, which they are allowed to access in the original data source without search-based dashboard. Often different data sources within an enterprises or in the cloud require handling of different authentication schemas. There is also the issue of the complexity of the processing infrastructure and semantic framework, which consists of crawlers, processing, access components and semantic integration parts. Additionally, there are limitations for linguistic components in mixed-language scenarios such as dealing with IT-content (Christina Korger 2016).

Last but not least, general analysis, aggregation and combining of personal data play a central role; these are subject to privacy policy and there are special rules and requirements in dealing with them. From the perspective of IT security, search-based systems and application are common IT systems and they therefore need to observed privacy policy when operating a server or database system. Even for the aggregation of data there are privacy-friendly security approaches, summarized under the term *preserving privacy* (C.C. Aggarwal and S.Y. Philip. 2008).

4 Conclusions

In summary, search-based dashboard is a robust technology and best practice systems consistently place emphasis on user involvement as a key to add business value. A search-based dashboard is established as part of an information access solution. A SBD is not a replacement for a traditional applications. A SBD won't manage the workflows, lifecycles, and won't modify the existing systems. A SBD goal is not to reproduce all the business logic of existing applications. It's there to simplify information access and addresses business issues by enabling easy search & discovery of key data by end users.

The constant evolution of information technologies and the requirements of users has shown the need for more personalization of applications. Search-based dashboard approaches have emerged as a way of accomplishing this goal; however, in the future further validation of this approach should be attained by performing experiments with end users.

5 References

[1] C.C. Aggarwal and S.Y. Philip. 2008. *Privacy-Preserving Data Mining*. Springer US, Boston, MA. DOI:https://doi.org/10.1007/978-0-387-70992-5

[2] Susan Feldman. 2004. The high cost of not finding information. March (2004), 8–11. Retrieved from http://www.kmworld.com/Articles/Editorial/Features/The-high-cost-of-not-finding-information-9534.aspx

[3] Susan Feldman. 2009. The Information Advantage : Information Access in Tomorrow â€™ s Enterprise. (2009), 12.

[4] Gregory Grefenstette and Laura Wilber. 2011. Search-Based Applications (SBAs). *Morgan & Claypool* 2, (2011), 1–141. DOI:https://doi.org/http://www.morganclaypool.com/doi/abs/10.2200/S00320ED1V01Y201012ICR017

[5] Christina Korger. 2016. Clustering of Distributed Word Representations and its Applicability for Enterprise Search. (2016). Retrieved from http://www.qucosa.de/recherche/frontdoor/?tx_slubopus4frontend[id]=20886

[6] W Lazonick. 2015. Innovative Enterprise or Sweatshop Economics? In Search of Foundations of Economic Analysis. *New Econ. Think.* 25 (2015), 1–50. DOI:https://doi.org/10.1080/05775132.2016.1147297

Quantifizieren von Gruppen anhand von Vorhersagen

Christoph Fabianek

Frequentis AG

christoph.fabianek@frequentis.com

1 Einleitung

Vor etwa 10 Jahren war die "Weisheit der Vielen" (die deutsche Übersetzung für Wisdom of the Crowd) in aller Munde. Heute hört man nicht mehr so oft davon und im Gegenteil taucht manchmal der gegenteilige Begriff der "Schwarmdhummheit" in Gesprächen auf. Dieser Text behandelt die Frage, ob es möglich ist, Gruppen in dieser Hinsicht zu quantifizieren. Also anhand bestimmter Kriterien festzumachen, wie gut oder schlecht eine Gruppe geeignet ist eine bestimmte Aufgabenstellung zu lösen.

Im Unternehmensalltag werden heute oft Gruppen bzw. Teams für Projekte immer wieder neu zusammengestellt, um nach kurzer Zeit wieder in neuen Settings aufgestellt zu werden. Freiberufliche Projektmitglieder und Teilzeitangestellte tragen das Übrige bei, dass fixe Teamsettings über lange Zeiträume immer seltener werden. Gerade deswegen ist eine Beantwortung der folgenden Fragen von steigender Bedeutung:

- Wie gut ist eine Gruppe geeignet, eine bestimmte Problemstellung zu bearbeiten?

- Welche Gruppe soll mit einer Aufgabe betraut werden, wenn mehrere Teams für eine bestimmte Aufgabenstellung verfügbar sind?

- Welches Verbesserungspotential hat eine Gruppe bzw. welche Maßnahmen sollen zur Weiterentwicklung getroffen werden?

Dieser Beitrag beschreibt Erfahrungen mit mehreren Gruppen in 2 Firmen in den letzten 4 Jahren. Die daraus gewonnenen Erkenntnisse deuten mögliche neue Wege zur Evaluierung und Quantifizierung von Teams an, bedürfen aber einer weiteren wissenschaftlichen Untersuchung, um statistisch signifikante Aussagen treffen zu können.

2 Qualität von Vorhersagen als Prädiktor für die Performance von Gruppen

Um eine Gruppe für eine bestimmte Problemstellung neu zusammenzustellen, gibt es eine Reihe von Möglichkeiten: Evaluierung des Lebenslaufes bzw. der bisherigen Leistungen der Teammitglieder, gruppendynamische Bewertungen anhand von Problemstellungen in Assessment-Centern, oder Auswahl der Mitglieder durch den künftigen Gruppenleiter. Alle diese Methoden haben gemeinsam, dass sie keine strikte Quantifizierung der so gebildeten Gruppen erlauben, und es schwierig ist nach Abschluss der Arbeiten eine Korrelation zwischen Mitgliederauswahl und erzieltem Projektergebnis herzustellen.

Daher werden alternative Methoden zur Vorhersage zur Performance von Gruppen gesucht und dieser Beitrag behandelt die folgende Hypothese:

Je besser eine Gruppe Vorhersagen in einem bestimmten Themenbereich macht, umso besser ist diese Gruppe geeignet, Problemstellungen in ebendiesem Bereich zu lösen.

Aus dieser Hypothese ergeben sich folgende Fragestellungen:

* Warum sollen Vorhersagen von Gruppen anstatt von Einzelpersonen verwendet werden?
* Welchen Vorteil bringt die Anwendung von Vorhersagen?
* Welche Fragen eignen sich für Vorhersagen?
* Wie sind gesammelte Daten (Antworten) zu interpretieren?

Diese Fragestellungen werden in den nächsten Abschnitten behandelt.

3 Fokus auf Gruppen statt Einzelpersonen

Peter Kruse (2004) beschreibt 5 Strategien zur Entscheidungsfindung: Try & Error, Problem ignorieren, Rationalisierung, Simplifizierung und Bauchgefühl. Das Bauchgefühl ist besonders bei längerer Arbeitserfahrung üblicherweise ein sehr gutes Werkzeug, läuft aber in einer immer kurzlebigeren Welt Gefahr, auch wieder falsch zu sein (Erfahrungen die vor 20 Jahren gemacht wurden, sind heute eventuell nicht mehr anwendbar). Korrigiert können solche Fehler durch sogenannte Gruppenentscheidungen oder "kollektive Intuition" werden, so Kruse.

James Surowiecki (2004) beschreibt in seinem Buch "The Wisdom of Crowds" zahlreiche Beispiele, bei denen Gruppen bessere Entscheidungen als Einzelne treffen. Dabei listet er auch 4 notwendige Bedingungen auf, die eine Gruppe erfüllen muss, um gute Entscheidungen zu treffen:

- *Meinungsvielfalt:* Teilnehmer haben unterschiedliche Informationsquellen und jeweils eigene (exzentrische) Interpretationen der Fakten
- *Unabhängigkeit:* Teilnehmer haben die Möglichkeit ihre Meinung unbeeinflusst von anderen zu äußern
- *Dezentralisierung:* Teilnehmer stammen aus unterschiedlichen Ästen einer hierarchischen Organisation und können auf Spezialwissen und Insiderinformationen zurückgreifen
- *Kumulation:* ein Verfahren führt die Einzelmeinungen zu einer kollektiven Entscheidung zusammen

Und ein weiteres Argument für die Betrachtung von Gruppen anstatt von Ein-zelpersonen liefern Studien an der Börse über besonders erfolgreiche Börsenmakler. Während die Spitzen-Performance einzelner Broker nach einer Periode endet, sind Firmen (also Gruppen) über lange Zeit erfolgreich. Zudem waren Transfers solcher Spitzen-Broker zwischen Firmen nur dann erfolgreich, wenn ein solcher Broker sein ganzes Team in die neue Firma mitnehmen konnte. Dies ist ebenfalls ein starker Indikator dafür, sich nicht auf die Leistung einzelner Personen zu verlassen.

4 Vorhersagen als Qualitätsmesser

Bei Eignungstests für Personen sind unterschiedliche Methoden etabliert, die sich auf bestehendes Wissen und die Eignung für Integration in Gruppen beziehen. Dies sind gut untersuchte Methoden und liefern gute Ergebnisse, haben aber den Nachteil zeitintensiv zu sein und insbesondere was Know-how betrifft, können sie nicht einfach wiederholt werden.

Die Frage nach Entwicklungen in der Zukunft hingegen ermöglicht neue Einblicke in die Kompetenz von Personen und Gruppen. Insbesondere ergeben sich folgende Vorteile gegenüber herkömmlichen Methoden:

- ein breiteres Spektrum an Antworten ist möglich: im Gegensatz zu Wissensfragen, wo oft nur eine richtige Antwort existiert, erlauben Vorhersagen weitere Aussagen über mögliche Zukunftsszenarien
- Einschätzung der aktuellen Situation: für eine gute Vorhersage ist eine genaue Kenntnis der IST-Situation notwendig und die Interpretation der aktuellen Situation verlangt eine genaue Auseinandersetzung mit dem Jetzt
- Fragen zur Zukunft können beliebig oft gestellt werden: da sich das aktuelle Geschehen ständig ändert, müssen Aussagen über die Zukunft auch immer wieder angepasst werden (Beispiel: wir können uns jeden Tag fragen, wie das Wetter morgen wird)
- und schließlich haben Voraussagen von Gruppen den positiven Nebeneffekt, dass sie oft einen recht guten Blick in die Zukunft liefern.

5 Welche Fragen eignen sich für Vorhersagen

Bei der Auswahl von Fragen zur Vorhersage von Ereignissen in der Zukunft müssen einige Einschränkungen beachtet werden. Philip Tetlock und Dan Gardner beschreiben in ihrem Buch Super Forecasting, dass Menschen üblicherweise in der Lage sind, 3 Monate in die Zukunft zu blicken und Ereignisse in diesem Zeitraum gut abzuschätzen. Keinesfalls sollten Vorhersagen abgefragt werden, die über 1 Jahr in die Zukunft reichen.

In den bisherigen Umfragen hat sich gezeigt, dass anspruchsvolle Fragen von Teilnehmern lieber beantwortet werden und unbedingt für die Zielgruppe relevante Themen angesprochen werden sollen. Aus dem Coaching bekannt ist die Formulierung "Wo's schmerzt geht's lang" – diese Aussage ist in jedem Fall auch bei der Auswahl der abgefragten Prognosen zu berücksichtigen. Ebenfalls ist die Auswahl der Fragen auch ein Kommunikationskanal, der den Fokus in einer Gruppe auf bestimmte Themen lenkt.

Beim Umfang der Fragen haben sich 6 Prognosen mit jeweils konkret wählbaren Optionen und eine 7. offene Frage bewährt. Die offene Frage war stets: "Und was soll hier noch gefragt werden?" Dadurch wird den Teilnehmern die Möglichkeit gegeben, eventuell für sie wichtige Bereiche anzusprechen, die im Fragebogen nicht erfasst wurden.

6 Interpretation der Ergebnisse

Umfragen wurden in den bisherigen Gruppen monatlich durchgeführt (mit insgesamt 3 Wiederholungen) und das Zeitfenster für die Teilnahme an einer Umfragerunde war 1 Woche. Am Ende der Woche lagen dann die Vorhersagen der Gruppe vor und die erste Frage die immer gestellt wurde: Wie gut oder schlecht ist die Qualität der von der Gruppe getroffenen Vorhersage?

Eine Antwort dazu liefert das *Diversity Prediction Theorem* von Scott Page (2011):

$$(c - \theta)^2 = \frac{1}{n} \sum_{i=1}^{n} (s_i - \theta)^2 - \frac{1}{n} \sum_{i=1}^{n} (s_i - c)^2$$

c ... Vorhersage der Gruppe (= Durchschnitt aller Vorhersagen)

θ ... tatsächliches Ergebnis (steht erst am Ende der Vorhersageperiode zur Verfügung)

n ... Anzahl der Teilnehmer

s_i ... individuelle Vorhersage eines Teilnehmers

In Worten lässt sich die Formel so formulieren:

Gruppenfehler = durchschnittlicher Fehler – Streuung der Antworten

Nimmt man an, dass die Gruppe eine gute Vorhersage trifft (die 4 Vorausset-zungen von Surowiecki sind erfüllt) dann ist der linke Term (Gruppenfehler) klein. Zusätzlich kann davon ausgegangen werden, dass die Vorhersagen Ein-zelner mit einem größeren Fehler behaftet sind, also ist auch der durch-schnittliche Fehler groß. Daher muss die Streuung der Antworten hoch sein, damit ein großer durchschnittlicher Fehler minus einer großen Streuung einen kleinen Gruppenfehler ergibt. Die Streuung der Antworten kann nun direkt nach der Durchführung einer Umfrage berechnet werden, da dieser Term das tatsächliche Ergebnis θ nicht enthält.

Zusammengefasst: Ist die Streuung der Antworten groß, ist wahrscheinlich der Gruppenfehler klein und es handelt sich um eine gute Prognose. Umge-kehrt: Ist die Streuung der Antworten klein, deutet das auf einen großen Gruppenfehler hin und die Prognose ist wahrscheinlich schlecht.

Durch die Anzahl der Teilnehmer in den bisherigen Umfragen (ca. 20-30) ergaben sich meist nur ungenaue Vorhersagen, d.h. die vorhergesagten Werte lagen zwar im richtigen Bereich, waren aber bei numerischen Vorhersagen mit einem Fehler von bis zu 30 % behaftet. Wichtiger war daher bei den wieder-holten Umfragen die Auswertung von Trends, also zu beobachten, ob sich die Prognosen zu einem angestrebten Wert hin- oder wegbewegten.

Neben der unmittelbaren Auswertung der Daten am Ende einer Umfragerun-de, ist es natürlich interessant, die Prognosen mit den später verfügbaren tat-sächlich eingetretenen Ergebnissen zu vergleichen. Hier ergab sich aus den bisher vorhandenen Daten eine Clusterbildung in 5 Gruppen, die wiederum Empfehlungen zur weiteren Teamentwicklung erlauben.

Als Visualisierung der Umfrageergebnisse wird die Kastengrafik (Boxplot) ver-wendet, erweitert um die Anzeige des Medians (•), des Mittelwerts (×) und des tatsächlichen Ergebnisses (|).

Die folgenden Beispiele illustrieren die genannten 5 Gruppen.

6.1 Ideale Gruppe

Eigenschaften:

- große Streuung der Antworten
- tatsächliches Ergebnis innerhalb des Quartilsabstands

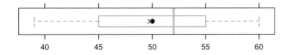

6.2 Voreingenommene Gruppe

Eigenschaften:

- geringe Streuung der Antworten
- tatsächliches Ergebnis außerhalb des Quartilsabstands

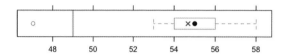

Empfehlung für diese Gruppe: Vielfalt in der Teamzusammensetzung erhöhen

6.3 Experten Gruppe

Eigenschaften:

- geringe Streuung der Antworten
- tatsächliches Ergebnis innerhalb des Quartilsabstands

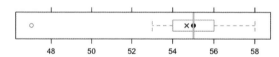

Empfehlung für diese Gruppe: arbeiten lassen und eventuell vorsichtig Vielfalt erhöhen

6.4 Übervorsichtige Gruppe

Eigenschaften:

- große Streuung der Antworten
- tatsächliches Ergebnis oberhalb des Quartilsabstands

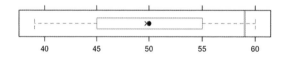

Empfehlung für diese Gruppe: Gestaltungsspielraum erweitern (möglicherweise gibt es hier ein zu restriktives Management)

6.5 Unreife Gruppe

Eigenschaften:

- große Streuung der Antworten
- tatsächliches Ergebnis unterhalb des Quartilsabstands

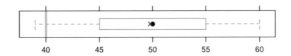

Empfehlung für diese Gruppe: Weiterbildungsmaßnahmen, Kommunikation verbessern

7 Vorteile und Schwierigkeiten beim Einsatz von Gruppenvorhersagen

Auftraggeber – üblicherweise das mittlere Management in Unternehmen – nannten nach Durchführung von Umfragen anhand der oben beschriebenen Methodik folgende positive Merkmale:

- Klassifizierung von Gruppen samt Empfehlung von Entwicklungsmaßnahmen

- Wertschätzung der Mitarbeiter durch Einbindung in Planungsprozesse

- Validierung von Abteilungszielen durch Mitarbeiterprognosen

- Zusätzlicher Kommunikationskanal zur Schärfung von Abteilungszielen

Teilnehmern wird durch die regelmäßige Abfrage von Prognosen folgende Möglichkeiten eröffnet:

- Abgabe von anonymen Feedback (Anmerkung: in allen durchgeführten Umfragen wurde eine anonyme Teilnahme sichergestellt und nur aggregierte Daten wurden sowohl Auftraggebern als auch Teilnehmern zur Verfügung gestellt)

- Abgleich von Eigen- und Fremd-Sicht: Teilnehmer können durch Vergleich der eigenen Vorhersage mit dem tatsächlichen Ergebnis feststellen, ob sie zu optimistisch waren / zu pessimistisch waren / oder genau richtig lagen

- Verbesserung der Schätzgenauigkeit: wie im Sport durch stetiges Training die Leistung verbessert wird, so verbessert sich auch die Schätzgenauigkeit durch häufige Wiederholung von Prognosen

Neben den oben genannten Vorteilen, ergaben sich in der Durchführung der Umfragen jedoch auch folgende Schwierigkeiten:

- Ab der 3. Iteration sank jeweils die Teilnehmerzahl bei den Umfragen drastisch

- Die Erhebung der tatsächlichen Ergebnisse fand manchmal nicht statt, bzw. wurden die Ergebnisse nicht den Teams mitgeteilt

- Fragen wurden im Laufe der Umfrage obsolet, da sich die Zielsetzung während der 3-monatigen Laufzeit änderte

8 Ausblick

Das gravierendste Problem bei der Durchführung von Gruppenvorhersagen ist derzeit die schwindende Motivation zur Teilnahme an den Umfragen. Und in diesem Bereich erfolgen derzeit auch die stärksten Anstrengungen zur Verbesserung der Situation. Zum einen wird versucht durch Gamification eine weitere Teilnahmeoption neben dem traditionellen Formular zu bieten und zum anderen sollen die Vorteile für Teilnehmer besser nutzbar gemacht werden.

Der Nutzen an der Teilnahme soll durch einen Dienst vergrößert werden, der die individuelle Speicherung und Auswertung der eigenen Vorhersagen erlaubt. D.h. neben der anonymen Teilnahme an der Umfrage, kann ein Teilnehmer zusätzliche die gemachten Vorhersagen im eigenen Datentresor speichern. Die Software und zugrundeliegende Infrastruktur für diesen Datentresor wird vom gemeinnützigen Verein zur Förderung der selbstständigen Nutzung von Daten bereitgestellt (https://OwnYourData.eu) und erlaubt das selbstbestimmte Sammeln und Auswerten von Daten.

Teilnehmer an einer Umfrage sehen so in ihrem Datentresor eine Liste aller teilgenommenen Umfragen, die selbst gemachten Prognosen und gegenübergestellt das tatsächliche Ergebnis. Basierend auf diesen Daten, gibt es dann weitere Auswertungen zur Berechnung des Brier-Scores (ein Schätzgütemaß für kardinale Prognosen) und zur Visualisierung der statistischen Kalibrierung (ein Diagramm das gemachte Prognosen als zu optimistisch = over-confident oder pessimistisch = under-confident darstellt).

Neben dem Ausbau der Methode steht als zweites wichtiges Ziel die Sammlung weiterer Daten zur Validierung der bisherigen Hypothesen. Eine höhere Anzahl an teilnehmenden Firmen und Teams erlaubt die Verallgemeinerung der bisher getätigten Aussagen und ist auch notwendig für eine statistische Absicherung.

9 Zusammenfassung

In diesem Beitrag wurde die Quantifizierung von Gruppen anhand von Vorhersagen vorgestellt. Basierend auf der Hypothese, dass die Qualität von Gruppenvorhersagen direkt mit der Performance von Gruppen korreliert, wurden zuerst die gemachten Annahmen motiviert und dann bisherige Ergebnisse diskutiert. Die derzeit vorliegenden Daten zeigen ein interessantes Potential solcher Gruppenvorhersagen, verlangen aber auch eine Weiterentwicklung der Methodik.

10 Literatur

Kruse, P. (2004): next practice – Erfolgreiches Management von Instabilität. Gabal Verlag Offenbach.

Page, S. (2011): Diversity and Complexity. Princeton University Press.

Surowiecki, J. (2004): The Wisdom of Crowds. Doubleday.

Organisationales Wissen und Collective Mind

Smart oder nicht smart –
nur eine Frage der Digitalisierung?

Birgit Feldhusen

organizing future

bf@organizingfuture.com

1 Abstract

Die dritte Generation Wissensmanagement erfordert einen transdisziplinären Blick auf das Phänomen des kollektiven Wissens und legt nahe, dieses als emergentes Phänomen eines *Collective Mind* zu verstehen. Ob smarte oder nicht-smarte Handlungsmöglichkeiten in Systemen entstehen, hängt nach dieser Betrachtungsweise nicht allein an der Gestaltung der sozial-interaktiven Domäne, in der die Digitalisierung durch zunehmende Vernetzung große Chancen bietet, sondern ebenso an der Ausprägung der kognitiv-sinnbildenden und der systemisch-emergenten Domäne. Hier spielen Wahrnehmungs- und Reflektionsvermögen sowie Kreativität und Zukunftsarbeit eine wesentliche Rolle.

2 Wissen in Systemen

2.1 Das Kollektiv – smart oder nicht smart?

Kollektive Intelligenz wird vom MIT Center for Collective Intelligence definiert als die generelle Fähigkeit einer Gruppe, unterschiedlichste Aufgaben bewältigen zu können und dies als Eigenschaft der Gruppe an sich, nicht als Summe der Eigenschaften ihrer einzelnen Mitglieder (Woolley et al. 2010). Wissen wird in Anlehnung an Argyris (1993) und Stehr (1996) als ‚capacity to act', als Raum an Handlungsmöglichkeiten verstanden. *Kollektives Wissen* kann somit betrachtet werden als die Möglichkeiten eines Kollektivs, gemeinsam zu handeln. Ausmaß und Qualität des kollektiven Wissens stehen über die Handlungsorientierung also in direktem Zusammenhang zum Begriff der kollektiven Intelligenz. Eine Organisation kann dann smart handeln, wenn sie über unterschiedliche Handlungsmöglichkeiten, also kollektive Wissensbestände, verfügen und diese passend zu jeweiligen Aufgabenstellungen ausüben kann.

Die Frage, ob Menschen kollektiv smarter werden oder nicht, wurde und wird unterschiedlich beantwortet. Die beiden grundsätzlichen Gegenpositionen wurden bereits Ende des 19. Jahrhunderts bezogen. Gustav LeBon beschrieb 1895 das Phänomen der *Dummheit der Masse* und prägte den Begriff des Mobs. Janis (1972), Lorenz (2011) und einzelne Studien zum Thema Schwarmintelligenz bekräftigen diese Position, indem sie zeigen, dass Menschen unter sozialem Einfluss schlechtere Schätzungen abgeben, an Kreativität verlieren oder ein nicht-smartes Gruppenverhalten annehmen. Emile Durkheim bezog 1898 die Gegenposition, nach der ein Kollektiv Zugang hat zu höheren Formen des Wissens und Handelns, zu denen der Einzelne keinen Zugang hat. Levy (1997) und Surowiecki (2004) prägten später in dieser Haltung die Begriffe *Kollektive Intelligenz* und *Wisdom of the Crowd*. Studien am MIT Center für Collective Intelligence (Woolley et al. 2010) belegen die Überlegenheit einer Gruppe über den Einzelnen in der Problembewältigung. Sie zeigen, dass es hierfür wichtiger ist, *wie* interagiert wird (Strukturen, Haltungen) als *wer* interagiert (Besetzung des Teams).

Kommen Menschen in einer Organisation zusammen, kann die Gestaltung dieses Zusammenkommens also dazu führen, dass der Einzelne Zugriff auf ein Wissen hat, das über sein individuelles Wissen hinaus geht. In diesem Fall kann das Kollektiv, die Organisation, cleverer, smarter handeln, als es der Einzelne je könnte. Es kann aber auch dazu führen, dass das Kollektiv dümmer wird und schlechter handelt. Welche Einflussfaktoren entscheiden nun darüber und welche Rolle spielt hierbei die Digitalisierung?

Um dies beantworten zu können, muss zuerst geklärt werden, über welche Mechanismen kollektives Wissen entsteht und welche Einflussfaktoren seine Qualität bestimmen, um dann ableiten zu können, welche Rolle hier im Einzelnen die Digitalisierung spielt.

2.2 Eine neue Generation von Wissensmanagement

Hecker (2012) benennt drei existierende Zugänge zu kollektivem Wissen. Diese gehen einher mit unterschiedlichen Generationen von Wissensmanagement:

In den frühen Neunzigern, den Geburtsjahren der Disziplin Wissensmanagement, herrschte ein statischer, objektiver Wissensbegriff. Der Fokus lag auf *Daten und Informationen* und deren Anhäufung, Aufbereitung und Zurverfügungstellung. Nach diesem Zugang ist Wissen unabhängig vom Menschen und kann außerhalb des Menschen existieren und gespeichert werden. Kollektives Wissen ist demnach der Bestand an *kollektiven Artefakten*, wie z.B. eine Datenbank oder eine Bibliothek, entsteht durch *Sammlung* und kann über IT-Systeme verwaltet werden.

Mitte der 90er Jahre begann Nonaka (u.a. 1995) mit der SECI-Spirale das Verständnis von Wissen zu revolutionieren, indem er dessen subjektiven Anteil und prozesshaften Charakter hervorhob. Der Fokus verlagerte sich auf das implizite Wissen von Menschen, das es zu explizieren und zu teilen galt. Nach diesem Zugang residiert Wissen im menschlichen Individuum. Kollektives Wissen ist demnach *geteiltes individuelles Wissen*, wie z.B. gewisse individuelle Fertigkeiten, die durch Sozialisation, Austausch und lineare Kommunikation auf Organisationsebene *aggregiert* werden.

Seit der ersten Dekade des neuen Jahrtausends erfährt der Wissensbegriff über systemische, komplexitätsbasierte Ansätze eine weitere Umdeutung. Die Erkenntis, dass Wissen immer auf kollektiven Prozessen beruht, aber auch immer einen subjektiven Kontext besitzt, legt den Fokus auf *komplexe Interaktionen und Reflexion* der Individuen. Nach diesem Zugang befindet sich Wissen in den Strukturen (menschlicher) Interaktion. Kollektives Wissen ist demnach ein zwischen interagierenden Individuen *verteiltes, komplementäres Wissen* wie z.B. bestimmte organisationale Prozesse, die entstehen können weil individuelles Wissen sich durch koordinierte Interaktion komplementär ergänzt und die Gruppe so mehr weiß als die Summe der Einzelnen. Das ‚Mehr' ist dabei abhängig von aber nicht enthalten in oder zurückführbar auf Einzelne. Es entsteht durch *Emergenz* und kann nicht linear-kausal gemanagt werden. Es kann lediglich über die Schaffung bestimmter räumlicher, mentaler, emotionaler, virtueller Kontexte ermöglicht werden (Prinzip des *Enabling*).

Die Fragestellung nach dem (Wissens–)Management dritter Generation ist dabei derart komplex, dass eine Disziplin allein sie nicht mehr bewältigen kann (z.B. McElroy 2000). Es braucht unterschiedlichste Disziplinen und deren transdisziplinäre Betrachtung. D.h., es braucht Disziplinen, die sich bisher gegenseitig ignoriert haben (wie Wissensmanagement, Organisationales Lernen, Kognitionswissenschaft, Komplexitätstheorie, Sozialwissenschaften, Psychologie, u.a.) und zwar nicht nur deren interdisziplinäre Kombination sondern deren transdisziplinäre Fusion auf einer neuen Ebene der Erkenntnis durch Integration von disziplinübergreifenden Strukturaussagen. Wie in dem viel zitierten Bild des Elefanten, an dem sich einzelne Forscher mit verbundenen Augen um Erkenntis mühen, wird aus den einzelnen Irrbildern (Der Rüssel erscheint als Schlange, ein Fuß als Baum etc.) bei transdisziplinärer Betrachtung der Blick frei für den gesamten Elefanten.

Das Collective-Mind-Modell kollektiven Wissens stellt solch einen Gesamtblick dar. Unter Anwendung verschiedenster relevanter Disziplinen wurde die kollektive Handlungsmöglichkeit, d.h. das kollektve Wissen, in einem Collective

Mind verortet, und die Faktoren identifiziert, die dessen Qualität beeinflussen (Feldhusen 2014). Anhand der Faktoren kann die Frage beantwortet werden, was ein Wissensmanagement der Zukunft braucht, so dass Organisationen smart handeln können. Der Ansatz liefert somit die Verbindung zwischen Führung und organisationalem Handlungsvermögen.

3 Das Collective-Mind-Modell kollektiven Wissens

3.1 Individuelles Wissen als zirkulärer kognitiver Akt

Um kollektives Wissen verstehen zu können, müssen wir uns zunächst einem Baustein des kollektiven Wissens widmen: dem individuellen Wissen. Dabei wird zurückgegriffen auf unterschiedlichste Disziplinen: Epistemologie (Krippendorff), Lerntheorie (Kolb, Bateson), Wissensmanagement (Nonaka, North), Organizational Learning (Argyris & Schön), Organizational Behavior (Tsoukas, Weick), Wissenssoziologie (Stehr), Psychologie (Seligman).

Führt man die grundlegenden Aussagen dieser verschiedensten Disziplinen zusammen, entsteht ein Bild von Wissen als permanent in Veränderung befindliches Ergebnis eines kontinuierlichen kognitiven Hermeneutischen Zirkels, das sich in Werten, Haltungen und Handlungen ausdrückt (Abb.1).

Sinnbezug herstellen

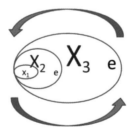

Unterschiede wahrnehmen

Abb. 1: Individuelles Wissen als Hermeneutischer Zirkel
(Quelle: eigene Abbildung)

Neues Wissen x_{i+1} wird geschaffen über Wahrnehmung von Erfahrungen e außerhalb des bestehenden Wissens x_i (Unterschiedsbildung, ‚expanding‘) und deren Transformation über Verbindung mit bestehendem Wissen (Sinnbildung, ‚relating‘). Die Wahrnehmung von Erfahrungen kann dabei vergangenheits- und/oder zukunftsorientiert sein (‚creating‘). Wahrnehmung und Transformation sind abhängig von dem *bestehenden Wissen und seiner Durchlässigkeit* zum betreffenden Zeitpunkt, was wiederum von vorangegangenen Erfahrungen geprägt wurde. Das bestehende Wissen zu jedem Zeitpunkt ist teils bewusst aber größtenteils unbewusst und bildet einen vielschichtigen Eigenkontext, eine Art Brille, mit der wir in die Welt schauen. In dem Maße, in dem ein Individuum in seinem kognitiven Zirkel Unterschiede, neue Verbindungen und Zukunftsorientierung zulässt, kann er zu einem neuen oder erweiterten Wissensbestand kommen.

Der Wissensprozess kann also gesehen werden als ein kognitiver Akt, der die Erfahrungswelt anhand von Sinn laufend neu organisiert und so Handlungsmöglichkeiten, also Wissen schafft. Die konstruktivistische Epistemologie beschreibt Wissen passend als subjektiven Schlüssel durch den das Subjekt handlungsfähig wird innerhalb seiner subjektiven Realität. Wissen organisiert seine Realität. Der Neurobiologe Wolf Singer drückt es ähnlich aus: Das Gehirn legt sich Sinneseindrücke so zurecht, dass der Organismus funktioniert.

Wissen kann somit nicht übertragen oder geteilt werden. Es können lediglich Artefakte oder kommunikative Inhalte und Gesten übermittelt werden, die jedoch in subjektiv unterschiedlichem Wissen resultieren. Auch die im Wissensmanagement vorherrschende Kategorisierung von implizitem und explizitem Wissen nach Nonaka muss neu überdacht werden. Wenn Wissen erst im Bewusstsein eines Menschen entsteht, dann kann sich das Attribut ‚explizit' nicht auf die Form der Repräsentation im Außen beziehen sondern nur auf die Klarheit der Präsentation im Bewusstsein (Virtanen 2013).

3.2 Kollektives Wissen als komplementäre Interaktion von individuellem Wissen

Treten nun mehrere Individuen in Interaktion, treten auch deren Wissenszirkel in Interaktion (Abb.2). Jede als Unterschied wahrgenommene Äußerung oder Geste eines anderen Individuums bildet für den eigenen Wissensprozess eine Erfahrung e, die je nach Vorwissen bzw. Eigenkontext x_1 über Sinnbildung mit diesem eigenen Wissenstand verbunden wird und ihn zu x_2 erweitert. Die individuellen Wissenszirkel überlappen sich und bedingen sich gegenseitig. Jeder Einzelne macht Erfahrungen, verarbeitet sie und bringt sie wieder ein, was wiederum Erfahrungen für das Gegenüber sind. Ein fortwährender Prozess der reflektierten Interaktion und Kommunikation kann über Konvergenz der individuellen Zirkel wie ein kollektiver Sinnbildungszirkel eines *Collective Mind* wirken, aus dem heraus ein gemeinsamer Sinn entsteht und kollektive Handlungen möglich werden – ähnlich einer Geschichte, die am Lagerfeuer reihum durch gegenseitige Inspiration erzählt und dadurch gemeinsam entwickelt wird. Die einzelnen roten Fäden der Sinnbildung sind zu einem sinnvollen Muster, einem kollektiven Wissen verwoben, das das Kollektiv als Organisation handeln lässt. Innerhalb eines Kollektivs bietet sich zudem eine weitere Ebene zur Erweiterung des eigenen Wissens: das Auseinandersetzen mit unterschiedlichen Standpunkten kann die Aufmerksamkeit auf den Wissensprozess an sich lenken, d.h. auf die eigenen kognitiven Strukturen aber auch auf die Strukturen der Interaktion an sich (Lernen 2. Grades).

Kollektive Sinnbildung

Kollektives Wissen ist individuelles Wissen, das kohärent verbunden ist. (Tsoukas)

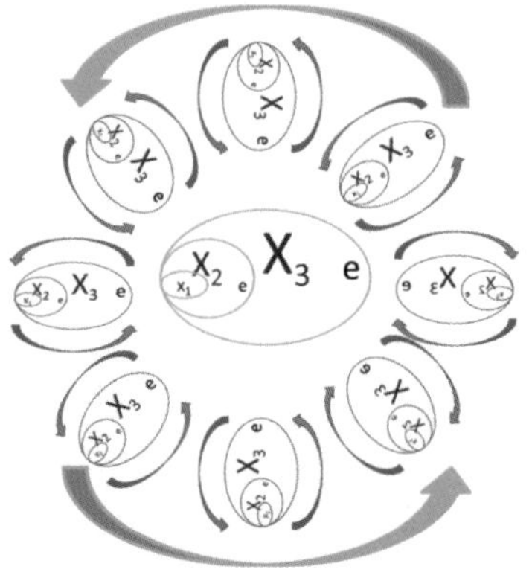

„To connect is to mind." (Weick)

Interaktion

Abb. 2: Kollektives Wissen als konvergierende Sinnbildung (Quelle: eigene Abbildung)

Die Fähigkeit zur verteilten und reflektierten Sinnbildung kann einen geistreichen *‚Collective Mind‘* (Weick & Roberts 1993) erzeugen, in dem neues, zukunftsorientiertes Wissen und Wachstum durch Pluralität entstehen kann. Hingegen bildet sich durch unreflektierte Anpassung der einzelnen Kognitionen an eine Gruppenkognition ein geistloser *‚Group Think‘* (Janis 1972). Dieser vernichtet Kreativität, Einzigartigkeit und Unabhängigkeit.

Kollektives Wissen ist also sozial eingebettet. Es wurzelt in bestimmten Formen und Strukturen der kommunikativen Interaktion, die hinreichende Konvergenz der individuellen Sinnbildungen zu einen kollektiven Sinn ermöglichen. Formen und Attribute der Interaktion (Ausmaß, Aufmerksamkeit, Qualität, Neuheit u.a.) bestimmen dabei die Qualität des kollektiven Wissens, d.h. der kollektiven Handlungsmöglichkeit. Die Frage nach kollektivem Wissen ist also eine Frage nach Organisation. In diesem Sinne versteht Tsoukas (u.a. Tsoukas & Vladimirou 2001) eine Organisation als eine Reihe von Konzepten, kognitiven Kategorien und Handlungsregeln, deren Sinn von einer Gruppe geteilt wird.

Neues kollektives Wissen kann nur in dem Maße emergieren, wie Interaktionsmuster von einer gewissen Durchlässigkeit sind, was wiederum auf der Durchlässigkeit der beteiligten individuellen Wissensbestände beruht. Dieses Phänomen bezeichnet man auch als kreativ-logischen Ansatz von *Emergenz*: Wenn einzelne Elemente eines Größeren miteinander agieren, können sie unvorhergesehen ein gewisses Maß an innerer Freiheit nutzen, um bestehende Interaktionsmuster mit etwas Neuem zu verbinden, anders zu handeln und so das bestende Interaktionsmuster (die Organisation) zu verändern.

3.3 Drei Domänen und ihre Einflussfaktoren

Das Collective-Mind-Modell des kollektiven Wissens beschreibt drei Domänen eines fraktalen Prozesses, denen sich unterschiedliche Disziplinen gewidmet haben, die aber im Grunde nicht getrennt werden können: Die kognitive Domäne des individuellen Sinnbildungs- und Wissensprozesses, die soziale Domäne der Interaktion und die systemische Domäne der Emergenz (Abb. 3).

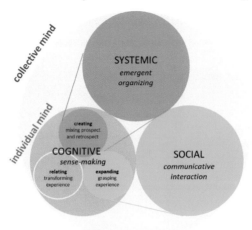

Abb. 3: Drei Domänen von kollektivem Wissen (Quelle: eigene Abbildung)

Smarte Wissensarbeit der Zukunft muss allen Aspekten der drei Domänen Rechnung tragen. Jedoch ergeben sich Ansatzpunkte für Management nur in den jeweils unteren beiden Kreisen der individuellen und kollektiven Ebene: z.B. die Förderung bestimmter kognitiver Fähigkeiten bei Individuen (Wahrnehmung, Reflexion, Wertearbeit, Arbeit mit Emotionen, Ich-Management u.a.), die Unterstützung bei qualitativ hochwertiger Zukunftsarbeit, die Zusammensetzung einer Gruppe nach bestimmten Kriterien (kognitive oder kommunikative Fähigkeiten, Grad an Diversität u.a.) sowie Unterstützung bestimmter Formen der Interaktion und Kooperation (Vernetzung, Meeting-Strukturen, Einheiten kollektiver Reflektion). Die kreaktive Dimension der individuellen Ebene und damit die darauf aufbauende systemische Domäne der kollektiven Ebene sind jedoch gekennzeichnet durch Nicht-Linearität und Nicht-Vorhersehbarkeit, was eine kausale Ursache-Wirkungs-Steuerung unmöglich macht. Durch die o.g. Ansatzpunkte können lediglich Konditionen, Räume und Infrastrukturen geschaffen werden, auf deren Basis neues, transzendierendes Wissen emergieren kann, ohne jedoch dass der Prozess an sich oder seine Ergebnisse vorhersagbar sind. Er hängt an der unvorhersehbaren Durchlässigkeit des individuellen Wissensstandes und der dadurch ausgebildeten kollektiven Muster.

4 Kollektives Wissen und Digitalisierung

Digitalisierung wird hier in einem weiten Sinne verstanden als die digitale Abbildung von physikalischen Objekten, Ereignissen, Prozessen oder analogen Medien (z.B. Block Chain Technology oder Roboterjournalismus), die eine neue Dimension der Speicherung, Vernetzung und Auswertung von Daten und Informationen (Big Data) ermöglicht. Ist es das, was uns smart macht?

Überprüfen wir anhand des Modells, wo die Digitalisierung zu finden ist bzw. wo sie Einfluss hat. In der *sozialen Domäne* eröffnet Digitalisierung neue Formen und größere Möglichkeiten der menschlichen Interaktion und Vernetzung und kann somit zu smarteren Handlungsweisen führen. In der *kognitiven Domäne* erweitert Digitalisierung durch den enormen Zuwachs an Daten und Information (Kreis ‚grasping experience') die Quelle von Erfahrungen, die einer Transformation und somit Wissensbildung zur Verfügung stehen. Was das Individuum damit macht, darauf hat Digitalisierung jedoch keinen direkten Einfluss. Auch Big Data sind zunächst einmal ‚dumme' Daten (Wissensbegriff erster Generation). Zur Ableitung von Wissen und smarten Handlungsweisen braucht es die Auswertung in gewissen Kontexten, d.h. gewisse Fragestellungen, Bezüge und Absichten. Künstliche Intelligenz ist der Versuch, über kontextgebende Algorithmen den Kreis ‚transforming experience' technologisch nachzubilden. Das gelingt derzeit recht gut, entbehrt jedoch einer Reflektionsfähigkeit über die eigenen Bezüge. Kann ein Algorithmus sich selbst auf Vorurteile, Emotionen, Eigeninteresse überprüfen? Welchen Einfluss haben Haltung und Mindset von Programmierern? Zudem basiert es immer nur auf vergangenheitsorientierten Daten. Komplexe Entscheidungsfindung auf Basis von großen Datenmengen kann die künstliche Intelligenz in einigen Bereichen bereits besser als der Mensch. Doch der dritte Kreis, der Bereich der Veränderung und Kreativität, der innere Freiraum, der es erlaubt Dinge pfadunabhängig zu entscheiden, Neuland zu betreten und gänzlich neue Lösungen zu entwickeln, wenn es das Umfeld erfordert, oder einfach nur aus Lust an der Entdeckung, bleibt vorerst dem Menschen vorbehalten. Es stellt sich die Frage, ob Technologie dies jemals nachbilden kann. Wird sich diese Schnittstelle Mensch-Maschine irgendwann verschieben? Bisher hat sie es noch nicht.

Digitalisierung eröffnet also Möglichkeiten, Systeme und Organisationen smarter zu gestalten, jedoch nur in einem begrenzten Bereich. Zugleich trägt uns die Digitalisierung Aufgaben auf, ohne deren Bewältigung Systeme drohen, dümmer zu werden. Als erstes geht es beim Punkt ‚grasping experience' um die Selektion und Filterung der Daten, die für unsere Wissensbildung relevant sein sollen und die wir in unsere Wissensprozesse zulassen wollen. Was will ich wissen? Welche Daten nehme ich auf? Aus welchen Quellen? Wie aufmerksam höre ich zu? Was lese ich in den sozialen Medien und was nicht? Bin ich mir überhaupt bewusst, dass und wie ich selektiere? Wie steuere ich meine Aufmerksamkeit? Im Kreis ‚transforming experience' geht es um die Frage, mir meiner Erfahrungen und Wertesysteme, die die Einordnung von Daten beeinflussen, bewusst zu werden und evtl. zu überdenken. Und im dritten, kreativen Kreis geht es um die eigene Unabhängigkeit im Denken. Mache ich etwas mit den Daten oder machen die Daten etwas mit mir?

Digitalisierung eröffnet uns neue Möglichkeiten, intelligenter zu handeln. Aber ohne Bewusstsein und Achtsamkeit werden wir diese Möglichkeiten nicht sinnvoll für uns nutzen können. Reflexion und Achtsamkeit gehören mitten in den Wissens- und Wissensmanagementprozess hinein. "If there is a limit to the success of knowledge management, it lies in the area of human attention. […] Attention is the currency of future business, and is already the scarcest resource in many organizations." (Davenport & Voelpel 2001)

Ob eine Organisation smart wird oder nicht, hängt also ab von den kognitiven Prozessen der Individuen und deren Verbindung. Management von Wissen bedeutet für die Zukunft Management von Bewusstsein und seiner Vernetzung. Es ist zu beobachten, wie neue Formen von Organisation und Führung zunehmend Elemente von Aufmerksamkeit und Reflektion sowie neue Interaktions-Formate enthalten. Holacracy, Scrum, Art of Hosting & Co. regen mit vorgeschriebenen Interaktions- und Reflexionsregeln zu einem neuen, flexiblen Collective Mind an, der smarter handelt. Jedoch hat jede Organisation ihre eigenen Zielsetzungen und braucht somit auch ein für sie maßgeschneidertes Konzept des neuen (Wissens-)Managements. Die Grundprinzipien und Einflussfaktoren, die in diesem Artikel erörtert wurden, sind für alle gleich. Welche Ausprägungen die einzelnen Faktoren erfahren, muss für jede Organisation sorgfältig geprüft werden, so dass die je individuell passende, smarte Organisationsform entwickelt werden kann.

5 Literatur

Argyris, C. (1993): *Knowledge for Action*, San Francisco: Jossey-Bass.

Davenport, T.H./Voelpel, S.C. (2001): The rise of knowledge towards attention management. *Journal of Knowledge Management*, 5(3), pp.212–221.

Feldhusen, B. (2014): Organizing Future: An Integrated Framework for the Emergence of Collective Self-transcending Knowledge. Doctoral Thesis. WU Vienna University of Economics and Business.

Hecker, A. (2012): Knowledge Beyond the Individual? Making Sense of a Notion of Collective Knowledge in Organization Theory. *Organization Studies*, 33(3), pp.423–445.

Janis, I. (1972): *Victims of groupthink: A psychological study of foreign-policy decisions and fiascoes.*, Oxford, England: Houghton Mifflin.

Levy, P. (1997): *Die Kollektive Intelligenz. Eine Anthropologie des Cyberspace*, Mannheim: Bollmann.

Lorenz, J. et al. (2011): How social influence can undermine the wisdom of crowd effect. *Proceedings of the National Academy of Sciences of the United States of America*, 108(22), pp.9020–5.

McElroy, M.W. (2000): Integrating complexity theory, knowledge management and organizational learning. *Journal of Knowledge Management*, 4(3), pp.195–203.

Nonaka, I./Takeuchi, H. (1995): *The knowledge-creating company: How Japanese Companies Create the Dynamics of Innovation*, New York: Oxford University Press.

Stehr, N. (1996): Knowledge as a Capacity For Action, (2).

Surowiecki, J. (2004): *The Wisdom of Crowds: Why the many are smarter than the few and how collective wisdom shapes business, economies, societies and nations*, New York: Doubleday.

Tsoukas, H./Vladimirou, E. (2001): What is organizational knowledge? *Journal of Management Studies*, 38:7 (November), pp.973–993.

Virtanen, I. (2013): In Search for a Theoretically Firmer Epistemological Foundation for the Relationship Between Tacit and Explicit Knowledge. *The Electronic Journal of Knowledge Management*, 11(2), pp.118–126.

Weick, K.E./Roberts, K.H. (1993): Collective Mind in Organizations: Heedful Interrelating on Flight Decks. *Administrative Science Quarterly*, 38, pp.357–381.

Woolley, A.W. et al. (2010): Evidence for a Collective Intelligence Factor in the Performance of Human Groups. *Science*, 330(6004), pp.686–8.

Wissensmanagement – quo vadis?

Barbara Geyer-Hayden, Michael Zeiller

Fachhochschule Burgenland, Department für
Informationstechnologie und Informationsmanagement

barbara.geyer-hayden@fh-burgenland.at, michael.zeiller@fh-burgenland.at

1 Die Phasen des Wissensmanagements

Der Begriff Wissensmanagement wurde in den 90ern von Nonaka (1991) geprägt. Der Schwerpunkt der Wissensmanagement-Maßnahmen lag in den folgenden Jahren auf der Identifikation und Aufbereitung bestehender Wissensbestände mit dem Ziel "das Rad nicht neu zu erfinden". Wissensmanagement
war ein Fachgebiet, das der Betriebswirtschaft zugeordnet wurde mit Verbindungen zu Personal und IT. Zu Beginn des 21 Jahrhunderts wurden basierend
darauf eine Reihe von Wissensmanagement Aus- und Weiterbildungen gegründet.

1.1 Kodifizierungs-Phase

Diesen Zeitraum, vor der großflächigen Verbreitung von webbasierten Anwendungen, kann man im Wissensmanagement als Phase der Kodifizierung be-
zeichnen. Hansen, Nohria und Tierney (1999) identifizierten zwei Strategien
für die Einführung von Wissensmanagement. Die Kodifizierungs- und die Personalisierungsstrategie. Bei der Kodifizierungsstrategie wird versucht, möglichst viel Wissen der Mitarbeiter explizit zu machen und aufzuschreiben d.h.
zu kodifizieren. Gespeichert wird dieses Wissen in Datenbanken. Der Fokus
dieser Strategie liegt auf der Identifikation von Wissen, der nachvollziehbaren
Dokumentation von Informationen und den Systemen, um diese wieder auffindbar zu machen. Typische Wissensmanagement-Projekte zu Beginn des 21.
Jahrhunderts hatten überwiegend einen Fokus auf der Kodifizierung.

1.2 Personalisierungs-Phase

Bei der Personalisierungsstrategie liegt der Schwerpunkt im Gegensatz dazu
auf den einzelnen Wissensträgern, das heißt Personen. Bei Wissensmanage-
ment-Projekten mit einem Fokus auf der Personalisierung werden typischer-
weise Wissensträgerkarten (z.B. Yellow Maps) erstellt, und der systematische

Austausch zwischen Personen mit verschiedenen Werkzeugen des Wissensmanagements unterstützt. Eine Zeit spielten Communties of Practice dabei oft
eine besonders wichtige Rolle. Inzwischen sind die verschiedenen Methoden
zum Wissenstransfer sehr vielschichtig. Wissensmanagement-Projekte mit einem Fokus auf der Personalisierung nehmen in den letzten Jahren einen immer höheren Stellenwert ein.

1.3 Paradigmen-Wechsel

Der Wechsel zwischen der Phase der Kodifzierung und der Phase der Personalisierung im Wissensmanagement erfolgte parallel zur Verbreitung des Inter-
nets und webbasierter Systeme in Unternehmen. Der Zugang zu vorhandenen
Informationen wurde dadurch einfacher, "Knowledge Broker" bzw. "Dokumen-
tare" verloren einen großen Teil ihrer Aufgabengebiete da die Nutzenden
selbst gezielt nach Informationen suchen konnten.

Die webbasierten Systeme führten zu einer Beschleunigung der Abläufe und
einer Vielzahl an neuen technologiebasierten Möglichkeiten. Innovations- und
Changemanagement wurden im Vergleich zu Wissensmanagement wichtiger.
Der Schwerpunkt lag nicht mehr auf der Nutzung bestehenden Wissens, sondern auf der Entwicklung und Nutzung von neuem Wissen.

2 Faktoren des Wandels im Wissensmanagement

Im Rahmen der WIMA Tage 2017 in Krems wurde unter der Bezeichnung
"Wissensmanagement 4.0" ein Workshop mit Teilnehmenden der Wissensma-
nagement-Konferenz veranstaltet, bei dem fördernde und blockierende Einflussfaktoren für den digitalen Wandel des Wissensmanagements identifiziert
wurden.

Der Workshop startete mit einer kurzen Einführung in das Thema Auswirkungen der Digitalisierung auf das Berufsbild des Wissensmanagers. Danach identifizierten die Teilnehmenden gemeinsam die fördernden und blockierenden
Einflussfaktoren für den digitalen Wandel des Wissensmanagements. Sie
sammelten die fördernden Kräfte, die eine Veränderung unterstützen und die
hemmenden Kräfte, die eine Veränderung behindern.

Nachfolgend werden die Ergebnisse des Workshops zusammengefasst um basiert darauf verschiedene Zukunftsszenarien zu entwickeln.

2.1 Stellenwert des Wissensmanagements als Disziplin

Von den Beteiligten des Workshops wurde festgehalten, dass der Fachbereich
Wissensmanagement zu *wenig wissenschaftliche Bedeutung* hat. Dass er von

anderen Themen *überrollt* wird, die eine stärkere Lobby hinter sich haben. Die folgende Aussage fasst das Stimmungsbild zusammen: *"Der Begriff ist tot => das Thema sehr aktuell"*. Passend dazu wird der *Stellenwert* von Wissensmanagement in Organisationen als gering eingestuft, auch wenn das Thema selbst als wichtig bezeichnet wird.

2.2 Technik

Der Einfluss des technologischen Wandels auf das Wissensmanagement wurde von den Teilnehmenden des Workshops fast durchwegs als positiv eingeschätzt. Genannt wurden verschiedene Aspekte der *Digitalisierung,* vor allem Industrie 4.0 und Big Data, aber auch die damit verbundene wachsende Vernetzung sowie der Technologie-Fortschritt. Wichtig war den Teilnehmenden auch der erleichterte *Zugang zu Informationen,* der immer schneller und leichter, z.B. durch Apps erfolgt. Damit verbunden sind jedoch auch eine erhöhte *Schnelligkeit* sowie die notwendige *digitale Kompetenz* des oder der Einzelnen.

Neue Tools unterstützen diese Entwicklung. Negativ angemerkt wurde jedoch, dass Wissensmanagement nicht mit diesen Entwicklungen, sondern mit (drei) Tools in Verbindung gebracht wird, die nicht mehr eingesetzt werden. Als Stellvertreter der neuen technologischen Entwicklungen wurden vor allem *Cloud Systems* und *Social Media* genannt. Diese eröffnen neue Kommunikationswege, bieten frei verfügbaren Content und können laut der Aussage eines Teilnehmers *"Zeit sparen"*.

Mangelnde bzw. "verlorene" Zeit wurde hingegen in Zusammenhang mit der Daten- und Informationsflut hervorgehoben. Genannt wurden dabei beispielsweise die *"überbordende Informationszunahme"*, der *"exponentielle Wissenszuwachs"* sowie die *"Daten- und Wissensüberflutung"*.

2.3 Lebenslanges Lernen

Das Thema "lebenslanges Lernen" war einer der Bereiche, bei denen die Teilnehmenden die meisten Beiträge einbrachten. Die folgenden Kommentare fassen die Stimmungslage gut zusammen: die *"Menge der Daten und das Tempo, in dem diese entstehen, zwingt zum Umdenken"*, *"Lebenslanges Leben gewinnt an Bedeutung"* und *"nur wer lernt wird überleben"*.

Daneben wurden auch die folgenden *Rahmenbedingungen* aufgezeigt:

- die Dynamisierung von Organisationsstrukturen,
- die Menge der Daten und das Tempo, in dem diese entstehen, was zum Umdenken zwingt,
- die zunehmende Individualisierung, die bessere Vernetzung fordert, sowie

- die wachsende Anspruchshaltung von Wissensarbeitern hinsichtlich der Rahmenbedingungen.

2.4 Der Faktor Mensch und die ISO-Norm

Laut den Teilnehmenden hat der *Abgang von Wissensträgern* aus Unternehmen, insbesondere durch Pensionierungen, einen positiven Effekt auf die Relevanz von Wissensmanagement. Die Bedeutung dieses demografischen Wandels wurde mehrfach hervorgehoben.

Der "Faktor Mensch" wurde im Gegensatz dazu als durchwegs negativ beschrieben. Vor allem die *Veränderungsresistenz* der Menschen, ihre Angst vor Veränderungen und speziell der damit verbundenen Mehrarbeit.

Dasselbe gilt für die *Unternehmenskultur,* die durchwegs als hemmender Faktor für das Wissensmanagement genannt wurde. Insbesondere alte Hierarchien, fehlende Veränderungsbereitschaft, Wissen als Machtfaktor und die Angst, sich entbehrlich zu machen.

Insgesamt ergibt sich so für die Mitarbeiter und Mitarbeiterinnen ein *Anpassungsdruck* durch gesteigerten Innovationsanforderungen, die Notwendigkeit der Anpassung an Trends, sowie höhere Komplexität und die Demokratisierung von Content und Wissen. Der sich daraus ergebende rasche Wandel erfordert immer mehr Wissen der involvierten Personen.

In diesem Kontext entwickeln sich auch *neue Berufsfelder* und sich verändernde Rollen bzw. Berufsbilder, eine zunehmende Anzahl von Arbeitnehmerinnen und Arbeitnehmer mit unterschiedlichen Aufgaben ist betroffen. Gleichzeitig entsteht eine Auf- und Umbruchstimmung, die einen "Push" für das Thema Wissensmanagement erzeugen könnte.

Einen weiteren stark fördernden Faktor für das Wissensmanagement sahen die Anwesenden außerdem in der ISO-Norm. Die ISO 9001:2015 mit ihrem Fokus auf Wissen soll einen neuen Aufschwung für das Wissensmanagement bringen.

3 Zukunftsszenarien für das Wissensmanagement

Basiert auf der bisherigen Darstellung ergeben sich drei Szenarien für die Zukunft des Wissensmanagements und den damit verbundenen Studiengängen im deutschsprachigen Raum.

3.1 Szenario 1: Wissensmanagement verschwindet

Eine "traditionelle" Wissensmanagement-Ausbildung sollte die fachlichen und methodischen Fähigkeiten vermitteln, um im Wissensmanagement aktiv mitzuarbeiten bzw. das Know-how für die Rolle des Wissensmanagers oder der Wissensmanagerin vermitteln. Unterschieden werden dabei verschiedene Wissensmanagement-Rollen wie zum Beispiel *"Chief Knowledge Officer, Knowledge Manager, Knowledge Architekt, Knowledge Engineer"* und *"Knowledge Analyst"* (KM Education Forum 2011).

In den deutschsprachigen Ländern hat es in der Vergangenheit nur wenige Personen gegeben, die in ihrer Organisation als "Wissensmanager" bezeichnet wurden. Und diese Positionen haben sich in den letzten Jahren reduziert. Wissensmanagement-Ausbildungen bilden daher für einen Markt aus, der kaum explizite Stellen für diesen Bereich aufweist. Das hat eine negative Auswirkung auf die Anzahl der potentiellen Studienbewerber.

Anfang November 2017 hat der berufsbegleitende Weiterbildungsmaster "Informations- und Wissensmanagement" an der Hochschule Hannover in einem Facebook-Posting (Facebook 2017) mitgeteilt, dass der Studiengang ausläuft. Damit schließt eine weitere Ausbildung im Bereich Wissensmanagement. Neue Hochschulstudiengänge zu diesem Thema sind in den letzten Jahren im deutschsprachigen Raum nicht entstanden. Auf internationaler Ebene sinkt die Anzahl von Wissensmanagement-Studiengängen ebenfalls *The number of new master degree programs in KM has not significantly increased in the past 15 years, whereas many programs have been discontinued or have been reduced to the certificate/diploma level"* (Cervone 2017). Bestehende Studiengänge stehen vor der Herausforderung, dass der Begriff "Wissensmanagement" auf potentielle Studierende keine hohe Anziehungskraft hat.

Die Anzahl der Publikationen und Veranstaltungen im deutschen Sprachraum in diesem Fachgebiet stagnieren oder werden weniger. Neue Positionen in Organisationen mit der Bezeichnung "Wissensmanagement" sind selten und werden teilweise reduziert. Die Bedeutung von Wissensmanagement als Disziplin ist insgesamt stark gesunken.

In Anbetracht dieser Punkte stellt sich die Frage, ob das Fachgebiet überlebt und die damit verbundenen Studiengänge mittelfristig unter der Bezeichnung "Wissensmanagement" bestehen bleiben werden.

3.2 Szenario 2: WM als ergänzende soziale Kompetenz

Wissensmanagement kann in zwei Formen unterrichtet werden: in dedizierten Studiengängen oder als Teil einer umfassenden Ausbildung. Das zweite Szenario "Wissensmanagement als ergänzende soziale Kompetenz" widmet sich dieser Variante.

Die Teilnehmenden des Workshops auf den WIMA Tagen waren übereinstimmend der Meinung, dass die Relevanz von Wissensmanagement weiterbesteht oder steigt. Diese Aussage deckt sich auch mit der Beobachtung, dass klassische Wissensmanagement-Methoden vermehrt zum Einsatz kommen. In vielen Fällen erfolgt das jedoch nicht (mehr) unter dem Begriff Wissensmanagement oder in eigenen Ausbildungen. Ein Teilnehmer zog das folgende Fazit: *"der Begriff ist tot => das Thema sehr aktuell"*.

Handzic et al. (2017) fassen die Situation in ihrem Literatur-Review zu Artikeln über Wissensmanagement-Ausbildungen wie folgt zusammen: *"KM is rarely seen as a specific discipline or subject of study that attracts special interest in universities or companies. Instead, KM methods and processes are analyzed as possible components of the teaching/learning approach to other disciplines"*.

Wissensmanagement ist in diesem zweiten Zukunftsszenario keine eigene Disziplin oder dediziertes Studienfach mehr, sondern Teil einer umfassenden Ausbildung in der Betriebswirtschaft oder im Informationsmanagement.

3.3 Szenario 3: Wissensmanagement als Wissenstransfer

Die Anzahl der Wissensmanagement-Ausbildungen, Veranstaltungen und einschlägigen Publikationen scheint zwar zu sinken. Das generelle Interesse für Wissensmanagement hat sich jedoch laut Google-Trends (siehe Abbildung 1) stabilisiert.

Die Werte in Abbildung 1 geben das Suchinteresse zum Thema Wissensmanagement relativ zum höchsten Punkt im Diagramm für die Region "Weltweit" im Zeitraum 2004-2017 an. Der Wert 100 steht für die höchste Beliebtheit dieses Suchbegriffs. Der Wert 50 bedeutet, dass der Begriff halb so beliebt war und der Wert 0 entspricht einer Beliebtheit von weniger als 1 % im Vergleich zum Höchstwert.

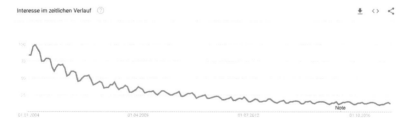

Abbildung 1: Suchanfragen zum Thema "Wissensmanagement" im zeitlichen Verlauf (Quelle: Google Trends 2017)

Im Vergleich zum Höchstwert 2004 hatte das Thema Wissensmanagement im Zeitraum 2014 bis 2017 zwischen 12 und 15 % an Suchanfragen. Laut Google Trends (2017) hat sich das Interesse für das Thema Wissensmanagement zwar seit 2004 signifikant verringert, stagniert aber seit 2014 stabil auf einem in etwa gleichbleibenden Niveau.

Die noch bestehenden Ausbildungen und Wissensmanagement-Angebote können daher auf ein stabiles, wenn auch im Vergleich zu 2004 massiv verringertes Interesse bauen. Wenn sie bestehen wollen, sollten sie auf die aktuellen Themen setzen, die auch die Teilnehmenden der WIMA Tage herausgearbeitet haben: *Wissenstransfer* insbesondere bei Fach- und Führungskräftewechsel, *Life Long Learning* und die *Auswirkungen des technologischen Wandels* auf die Wissensarbeiter.

Das dritte Zukunftsszenario ist daher eine positive Vision für das Wissensmanagement, nämlich der Weiterbestand des Fachgebietes mit Fokus oder unter der Bezeichnung "Wissenstransfer".

4 Literatur

Corvine, F. (2017): What does the evolution of curriculum in knowledge management programs tell us about the future of the field? In: VINE Journal of Information and Knowledge Management Systems, Vol. 47, Issue: 4: 454-466.

Facebook, Master Informations- und Wissensmanagement Hochschule Hannover (2017): Master Informations- und Wissensmanagement läuft aus. In: https://www.facebook.com/MWMHannover/posts/1757220070964097 (06.11.2017)

Google Trends (2017). Suchanfragen zum Thema "Wissensmanagement" im zeitlichen Verlauf. In: https://trends.google.de/trends/explore?date=all&q=%2Fm%2F0jmlp (06.11.2017)

Handzic, M. et al. (2017): Five Ws and one H in knowledge management education. In: VINE Journal of Information and Knowledge Management Systems, Vol. 47, Issue: 4: 438-453.

Hansen, M. T./Nohria, N., & Tierney, T. (1999): What's your strategy for managing knowledge? In: Harvard Business Review, 77: 106-116.

KM Education Forum (2011): Knowledge Framework for Behavioral Competencies and Attributes. In: http://kmefcompetenciescop.iwiki.kent.edu/ (20.11.2017)

Nonaka, I. (1991): The knowledge creating company. In: Harvard Business Review. 69 (6): 96–104.

Sind Roboter die besseren Chefs?

Stefan Holtel

infinIT.cx GmbH, München

stefan.holtel@infinit-services.de

1 Abstract

Vorgesetzte fördern und fordern ihre Mitarbeiter? Nichts mehr als blanke Theorie. Die Praxis lehrt uns: Personalverantwortliche straucheln. Sie haben wenig Erfahrung und können sich nicht einfühlen. Mitarbeiter sehen sich unfair behandelt, gemobbt und zurückgesetzt. Die Chefs verfolgen oft nüchtern eigene Ziele.

Deshalb preisen Apologeten die Vorzüge von Algorithmen. Mitarbeiter häufen digitale Daten an, die vor Jahren utopisch gewesen wären. Das eröffnet neue, algorithmische Möglichkeiten (Manyika et al. 2011). Maschinen könnten Menschen besser führen. Das ist schneller und besser als Menschen von Menschen delegieren zu lassen. Denn Computer fühlen nicht. Sie müssen nicht mit den Folgen ihrer Entscheidungen leben. Die Bastion der Personalführung wankt.

Selbst die Betroffenen sagen: Ein Roboter wäre der bessere Chef. Stimmt das? Und was bliebe übrig für den Manager?

Wir stehen vor einem Quantensprung: Maschinen ergänzen und ersetzen die Vorgesetzten. Roboter könnten ihnen die Bürde von Mikroentscheidungen abnehmen. Personalverantwortliche müssten das einbringen, was Maschinen auf absehbare Zeit abgehen wird: In unstrukturierten Situationen agieren, sozial kompetent handeln und kreativ werden im Kontext der Lebenswelt (Frey/Osborne 2013).

2 Ein guter Chef

Wann ist der Vorgesetzte ein guter Chef? Einige Kriterien sind schnell aufgezählt: Er sollte Mitarbeiter fair behandeln. Fähig sein zur eingehenden Selbstreflektion. Natürlich unbestechlich. Und am Besten in seinem Fleiß mit gutem Beispiel vorangehen (Malik 2006).

Klingt nach einem Steckbrief wie gemacht für einen erfolgreichen Versuch der Automation. Bisher war das technisch unmöglich. Glaubt man den Gartner-Analysten, dann übernehmen Roboter in Zukunft nicht nur manuelle Aufgaben an der Fertigungsstraße, sondern koordinieren und planen Arbeitsabläufe und geben Anweisungen. Künstliche Führungsintelligenz ersetzt zunehmend menschliche. Software stellt ideale Anweisungen zusammen, perfekt abgestimmt auf den Mitarbeiterstamm. Sie analysiert Erfolge und Fehler aus der Vergangenheit, optimiert sich ständig selbst und gibt in der Zukunft noch bessere Anweisungen.

3 Produkivität durch Künstliche Intelligenz

Bereits vor zwei Jahren schätzte Gartner, dass bis zum Jahr 2018 weltweit über drei Millionen Mitarbeiter einen Roboter als Chef haben würden (Thibodeau 2015). Die Analysten betonten, dass diese Veränderung vor allem das mittlere Management betreffen werde. Das würde sich heute ohnehin mit Routinen herumschlagen, die man automatisieren könne.

Ein japanisches Unternehmen machte aus dieser Prognose bereits Realität. Hitachi entließ in Warenlagern die Vorarbeiter aus ihrer Verantwortung. Stattdessen übernahm eine Künstliche Intelligenz das Delegieren. Die Firma notierte einen Produktivitätssprung von acht Prozent (Moriwaki et al. 2016). Das hatte man vermutlich auch erhofft und erwartet.

Eine Umfrage unter kanadischen Angestellten von Intensions Consulting irritiert da schon mehr. Das Unternehmen hatte über 2.000 Personen zu ihrem Arbeitsalltag befragt. Konkret wollte man auch verstehen, wie die Befragten zum Einsatz künstlicher Intelligenz am Arbeitsplatz stehen (Intensions Consulting 2016). Dafür nahmen die Studienleiter als gegeben an, dass künstliche Intelligenz tatsächlich fähig wäre, durch nichts beeinflusst und unvoreingenommen zu entscheiden. Die Auswertung zeigte Überraschendes: Mehr als ein Viertel der Befragten hielt die Software für *vertrauenswürdiger* und *ethischer* als das menschliche Pendant. Bei Befragten unter 40 Jahren stieg dieser Anteil sogar auf ein Drittel. Jüngere Befragte waren neuen Techniken insgesamt gegenüber aufgeschlossener: 34 Prozent würden ihre Bewerbung lieber von einer Software prüfen lassen. Ein Drittel hätte kein Problem damit, die Arbeit digital überwachen zu lassen. 26 Prozent wären sogar einverstanden, dass gesamte Unternehmen von einer Maschine führen zu lassen ...

Bereits im Jahr 2013 sorgte eine Studie des MIT für Furore. Danach lassen sich Menschen lieber von Robotern als von Menschen anweisen. Für die Studie arbeiteten jeweils zwei Menschen mit einem Roboter zusammen. In den Teams gab einmal ein Mensch die Anweisungen, einmal der Roboter. Wenn der Roboter Befehle erteilte, waren die Arbeiter nicht nur produktiver. Sie waren auch noch zufriedener. Sie glaubten, die Roboter hätten sie *besser verstanden*.

Die Arbeitswelt verändert sich. Künstliche Intelligenz drängt in die Rolle des Vorgesetzten. Besonders das mittlere Management wird mit unangenehmen Fragen konfrontiert. Es geht nicht nur darum, wie man Maschinen als Angestellte behandelt, sondern auch wie man mit Robotern als Kollege oder Chef umgeht. Und was passiert, wenn sie einen ersetzen?

4 Was bleibt für den Chef?

Im Jahr 2013 erregte in einschlägigen Journalen und auf Konferenzen eine Studie von Frey und Osborne einiges Aufsehen (Frey/Osborne 2013). Die beiden Forscher kalkulierten, dass bis zum Jahr 2030 etwa 47 Prozent aller Arbeitsplätze wegfallen würden. Ihre Tätigkeiten könnten Maschinen leisten. Die Ökonomen nahmen 702 Berufsprofile unter die Lupe und errechneten akkurat den möglichen Grad einer Automation. Danach hätten Telefonisten, Kreditsachbearbeiter oder Kassierer keine Chancen mehr auf dem Arbeitsmarkt. Dagegen dürften sich Diätassistenten und Psychologen reger Nachfrage erfreuen.

Die Studie durchlief (trotz bezweifelbarer Annahmen) die Gazetten und wurde auf Chefetagen diskutiert. Sie sensibilisierte zum ersten Mal viele Entscheidungsträger für die Chancen und Risiken künstlicher Intelligenz. Eine Umfrage des Institute for Business Value aus diesem Jahr zeigt, welche Dynamik dieser Diskurs entwickelt hat: 50 Prozent der Personalverantwortlichen benennen künstliche Intelligenz als Technologie, die Schlüsselaufgaben im Personalwesen umkrempeln könne. 54 Prozent glauben, dass intelligente Maschinen Schlüsselrollen im Personalwesen verändern werden (Bokelberg et al. 2017).

Was bliebe aber übrig für einen Chef, wenn seine Kerntätigkeit an Maschinen übergeben worden wäre? Plausible Antworten darauf liefert interessanterweise ebenfalls die Frey/Osborne-Studie. Allerdings verstecken sich die Antworten im hinteren Teil.

4.1 Unstrukturierte Situationen

Roboter bleiben auf lange Sicht unfähig, die Breite und Tiefe menschlichen Erlebens und Empfindens zu erfassen, zu verstehen oder adäquat nachzuahmen.

Die Grundtechniken für das Erfassen einer realen Umgebung sind zwar halbwegs gelöst. Sensoren und Laser sorgen für einen umfangreichen Datenstrom. Allein, das Identifizieren eines Objekts im Raum und das Verstehen seiner Eigenschaften ist weit komplexer als das Aufzeichnen visueller Information. Je unübersichtlicher die Situation, desto schwieriger wird es. Sobald sich die Arbeitsumgebung einer klaren Struktur entziehen, entziehen sie sich damit auch der Automation.

Die Notfallambulanz in einem Krankenhaus verwandelt sich bei der Einlieferung eines Schwerverletzten binnen Sekunden in ein Chaos, an dem jeder Roboter scheitert, oder sinnvolle Anweisungen an das Personal erteilen könnte. Die Autowerkstatt lebt davon, Probleme zu finden, zu erkennen und zu lösen, die bisher noch gar nicht aufgetaucht sind. Künstliche Intelligenz aber braucht das Training durch unendlich viele Beispiele. Jede kleinste Ausnahmesituation bestimmt das Ende kluger Ratschläge durch die Maschinen.

Das Manko ausreichender Wahrnehmung wirkt sich aus auf jede Manipulationsaufgabe, besonders beim Umgang mit unregelmäßigen Objekten. Dies hat sich bei der Entwicklung von Robotern gezeigt, die mit Menschen und Umgebungen interagieren. Fortschritte wurden erzielt, aber die heutigen Lösungen sind unzuverlässig.

Es ist also schwierig, das Anweisen und Delegieren von Mitarbeitern in einem unstrukturierten Umfeld einer Maschine zu überlassen. Die Zuverlässigkeit wäre denkbar gering. Künstliche Intelligenz wäre mit jeder Ausnahmesituation überfordert und könnte Fehler nicht erkennen oder gar beheben.

Für die industrielle Manipulation wird die Arbeitsumgebung "zurechtgestutzt", damit Roboter arbeiten können (Brown et al. 2010). Das begrenzt unweigerlich ihr Einsatzspektrum. Darum bleibt in jeder Umgebung, die sich einer klaren Struktur entzieht, der menschliche Chef das Maß aller Dinge.

4.2 Kreative mit Kontext

Welche Psychologie der menschlichen Kreativität zugrunde liegt, lässt sich schwer beschreiben. Kreativität umfasst die Fähigkeit, Ideen zu entwickeln oder Artefakte zu gestalten. Allerdings müssen sie neuartig und "werthaltig" sein. Das umfasst einerseits Ideen wie Marketingkonzepte, lyrische Gedichte, Musikkompositionen, wissenschaftliche Theorien oder ungewöhnliche Kochrezepte, andererseits anfassbare Objekte wie Wandgemälde, Marmorskulpturen, Benzinmotoren oder Töpferwaren.

Die Kreativität entlädt sich entlang eines Prozesses, aus dem eine überraschend neue Kombination vertrauter Ideen hervorgeht. Das erfordert einen reichen Wissensschatz. Den sammeln Menschen im Laufe ihrer persönlichen Biographie. Es ist der Grund, warum Wolfgang Amadeus Mozart eher die Ausnahme bleibt.

Damit eine Software z.B. eine neue Melodie komponieren kann, bedarf es einer Datenbank mit einem Wissensreichtum, die der eines gereiften Menschen vergleichbar ist. Außerdem braucht es zusätzlich Methoden, um die Resultate des kreativen Algorithmus zu bewerten. Prinzipiell ist eine solche Kreativität möglich, und in der Literatur existieren bereits Ansätze zur Simulation von Kreativität. Seit Jahrzehnten etwa komponiert Software Musik in Stilen, die an menschliche Komponisten erinnern (Cope 1996). Das Generieren von Neuheiten ist nicht besonders schwierig: Computer sind prädestiniert, *alle* möglichen Optionen zur Kombination definierter Merkmale durchkalkulieren zu können.

Was ihnen fehlt, ist etwas anderes. Sie finden keinen "kreativen Wert", eine Art übergeordnetes Verständnis, warum eine bestimmte kreative Idee relevant ist, eine andere dagegen nicht. Bis heute ist es nicht möglich, unser Verständnis von Kreativität in eine Software zu kodieren (Boden 2003). Darüber hinaus ändert sich dieses im Laufe der Zeit und variiert zwischen den Kulturen. Weil Kreativität per definitionem nicht nur Neuheit, sondern auch Wert beinhaltet, und weil Werte volatil sind, können wir uns so schlecht auf einen gemeinsamen Begriff der Kreativität einigen. Selbst wenn wir kreative Werte identifizieren und anschließend mit Software in Algorithmen gießen würden, stritten wir uns daürber, ob der Computer wirklich kreativ ist oder lediglich so tut als ob.

Da es keine technischen Lösungen gibt, um dieses Problem zu lösen, ist es unwahrscheinlich, dass Berufe, die ein hohes Maß an kreativer Intelligenz erfordern, in den nächsten Jahrzehnten durch Automation in Mitleidenschaft gezogen werden.

Wenn Menschen geführt werden, entstehen viele Situationen, die kreative Lösungen erfordern. Diese zu finden bleibt auf absehbare Zeit guten Managern vorbehalten, die ihre Mitarbeiter klug führen können.

4.3 Soziale Intelligenz

Algorithmen und Roboter sind inzwischen in der Lage, einige Aspekte menschlicher, sozialer Interaktion simulieren zu können. Allerdings bleibt das Erkennen von Emotionen in Echtzeit ein schwieriges Problem. Die Fähigkeit, intelligent auf Emotionen zu reagieren, ist noch schwieriger (Picard 2010). Selbst einfachste Formen typischer sozialer Kommunikation erweisen sich für Software als schwierig. Eine akzeptable Interaktion, die die Kriterien des Turing-Tests bestehen würde, steht weiterhin aus (Turing 1950). Das liegt daran, dass die Breite und Tiefe von Information und Bedeutung, die in der Interaktion zwischen Menschen mitschwingt, nicht adäquat auf Algorithmen übertragbar ist.

Damit bleibt jede Kommunikation im Personalwesen, die über die Sachebene hinausweist, weiterhin den Vorgesetzten vorbehalten.

5 Zusammenfassung und Ausblick

Die Wahrscheinlichkeit, dass eine Tätigkeit automatisiert wird, kann als Funktion der oben beschriebenen Aufgabenmerkmale beschrieben werden.

Die geringe soziale Intelligenz, die die Arbeit eines Tellerwäschers erfordert, macht diesen Beruf anfälliger für Automation als etwa die eines Pressesprechers für das Krisenmanagement.

Die entscheidende Frage für die Abgabe von Führungsaufgaben an Maschinen lautet: Unter welchen Bedingungen sagen Maschinen menschliches Verhalten besser voraus als Menschen, die andere Menschen verstehen?

Künstliche Intelligenz macht derzeit dramatische Fortschritte und wird in Zukunft immer besser werden. Aber zentrale menschliche Fähigkeiten wird sie nicht simulieren können.

Wenn es nach dem Unternehmer August-Wilhelm Scheer geht, dann zeichnen einen guten Chef drei Kompetenzen aus: Er kann komplexe Muster erkennen, weil er fähig ist, Daten unterschiedlicher Provenienz klug zusammenzuführen. Dazu kann er gut verhandeln, weil er komplexe Konversationen führen kann. Und schließlich ist er kreativ und bringt damit Neues in die Welt oder kann mit überraschenden Situationen auf neuartige Weise umgehen.

Das Tätigkeitsprofil des Vorgesetzten wird sich wandeln: Er wird ein Persönlichkeitscoach. Statt am Schreibtisch in Tabellenkalkulationen zu versinken oder Projektplänen nachzueifern, wird er aktiv werden müssen. Die Maschine kann nämlich mit dem Mitarbeiter nicht einfühlsam reden, ihm zuhören und ihn im Zweifel unterstützen.

Aufgaben jenseits der Routine, Tätigkeiten mit komplexen Aufgaben in unstrukturierten Situationen für das Wahrnehmen und Manipulieren sowie Aufgaben für kreative Intelligenz und soziale Intelligenz wird Computerkapital in den nächsten zwei Dekaden nicht besetzen. Diese Reservate bleiben noch sehr lange Humankapital.

6 Literatur

Boden, M.A. (2003). The Creative Mind: Myths and Mechanisms. London: Routledge.

Bokelberg, E. et al. (2017): Extending expertise How cognitive computing is transforming HR and the employee experience. Somers: IBM Corporation.

Brown, E. et al. (2010). Universal robotic gripper based on the jamming of granular material. In: Proceedings of the National Academy of Sciences, 107(44), S. 18809-18814.

Cope, D. (1996): Experiments in Musical Intelligence. Middleton: A-R Editions.

Frey, C./Osborne, M. (2013): The Future of Employment. Oxford: Oxford University.

Hanson, R. (2001): Economic Growth given Machine Intelligence. Technical Report. Berkeley: University of California.

Intensions Consulting (2016): Study Finds a Quarter of Canadian Adults Belief a Computer Program Would be More Trustworthy and Ethical Than Their Boss. Intensions Consulting, Vancouver. Pressemeldung vom 28.4.2016

Malik, F. (2006): Führen, Leisten, Leben: Wirksames Management für eine neue Zeit. Frankfurt: Campus.

Manyika, J. et al. (2011): Big data: The next frontier for innovation, competition, and productivity. McKinsey Global Institute.

Moriwaki, N. et al. (2016): Achieving General-Purpose AI that Can Learn and Make Decisions for Itself. In: Hitachi Review, 65(6), S. 113-117.

Picard, R. W. (2010): Emotion research by the People, for the People. In: Emotion Review 2(3), S. 250-254.

Thibodeau, P. (2015): Robotics, automation play a big role in Gartner's top 10 predictions. https://www.computerworld.com/article/2989830/it-careers/machines-are-replacing-writers-gartner-says.html

Turing, A. (1950): Computing Machinery and Intelligence. In: Mind 49, S. 433-460.

Wissenstransferprozesse aktiv mit Onboarding Programm gestalten

Best Practice am Beispiel der VKKJ

Monika Leontine Honig

VKKJ

www.linkedin.com/in/mag-monika-leontine-honig-91921544
www.xing.com/profile/MonikaLeontine_Honig?sc_o=da980_e

1 Wissenstransfer mit Onboarding sicherstellen

Wissenstransferprozesse in unserer heutigen Arbeitswelt sicherzustellen, ist zu einem zentralen Thema im Personal- und Organisationsentwicklungskontext geworden. Der demographische Wandel sowie die Globalisierung haben zu großen Veränderungen in der MitarbeiterInnen-Struktur geführt. Hierzu können Schlagworte wie Mobilität, Digitalisierung und Wertewandel angeführt werden. Aus Erfahrung kann gesagt werden, dass gerade im Industriebereich aufgrund der Überalterung des Personalstands herausfordernde Situationen für das Unternehmen selbst und die in ihm arbeitenden ArbeitnehmerInnen entstehen können. Speziell im Bereich der Technik und IT herrscht am Arbeitsmarkt eine alarmierende Situation. Allerdings trifft dies nicht nur diese Branche, auch andere wie zum Beispiel der Gesundheits-/Sozialbereich sind bereits mit akutem Fachkräftemangel konfrontiert.

Im Folgenden soll erklärt werden, was unter Onboarding verstanden wird, wieso Onboarding für den Wissenstransferprozess in Organisationen einen zentralen Stellenwert eingenommen hat und anhand eines Best Practice Beispiels aus dem Gesundheits-/Sozialbereich gezeigt werden, wie ein Onboarding Prozess aussehen kann.

1.1 Onboarding – Eine Einführung

Onboarding, ist der englische Ausdruck für das "an Bord nehmen" einer/eines Mitarbeiters. Es handelt sich dabei um den Integrationsprozess, den neue MitarbeiterInnen in ihren Unternehmen durchlaufen und erleben (vgl. Brenner 2014: 1). Die Ausgangsfrage, die sich an dieser Stelle nun stellt, lautet: Warum benötigen wir überhaupt Onboarding in Organisationen/Unternehmen und warum ist es heute wichtiger denn je? Eine Antwort darauf soll das Folgende geben.

Nun, die lapidare und einfache Antwort ist bereits kurz am Anfang dieses Beitrages gegeben worden. Sie lautet: Ein Zusammenspiel aus Globalisierung und demographischen Wandel in unserer Arbeitswelt. Wir sind vor allem in Europa aufgrund der in den letzten Jahrzehnten rückläufigen Geburtenraten mit einer Überalterung der Bevölkerung und daraus resultierend mit einer Überalterung unserer Belegschaft konfrontiert. Damit verbunden ist ein akuter Fachkräftemangel in den unterschiedlichsten Bereichen. Es gibt zu wenig "Junge", die die Baby Boomer-Generation, die seit Jahren in Pension geht, ablöst (vgl. Honig 2012: 8ff.). ArbeitnehmerInnen werden aufgrund der Globalisierung zusehens mobiler, was ihren Arbeitsort betrifft. Wir haben es mit einer neuen Generation an ArbeitnehmerInnen zu tun. Individualisierung und der Wunsch nach Neuem sowie nach eigener Weiterentwicklung sind zentrale Elemente geworden. Der starke Wille, es besser zu machen als die eigene Elterngeneration, die stets ihren Fokus sehr stark auf die Arbeit gelegt hat, ist dem Modell der viel zitierten Work-Life-Balance gewichen (vgl. Lohaus, Habermann 2016: 9 & Chudzikowski et. al 2009: 836). Vereinbarkeit von Familie und Beruf ist bei den jüngeren Generationen commen sense geworden. Es geht nicht mehr darum, um jeden Preis Karriere zu machen, sondern viel mehr darum, gesund und mit dem eigenen Lebensmodell in Balance zu arbeiten. Genauso wie das klare Formulieren von Bedingungen, unter denen gearbeitet wird. Hierzu soll das Beispiel von Homeoffice herangezogen werden. Dies gehört für "junge" ArbeitnehmerInnen zu einer oftmals nachgefragten Bedingung, um den Arbeitsplatz überhaupt anzunehmen. Gleichzeitig ist die Bereitschaft, Situationen auszusitzen und auszuhalten, gesunken. Wenn die Arbeit, die Führungskraft, das Team oder die Organisation nicht mehr passt, wird der Arbeitsplatz gewechselt. Umgekehrt gilt allerdings, umso attraktiver der Arbeitsplatz mit all seinen umfassenden Komponenten ist, umso höher ist die Loyalität und die Verweildauer von MitarbeiterInnen.

Unternehmen und die darin angesiedelten Personalabteilungen sind nun mit dieser veränderten Arbeitswelt und den veränderten Bedürfnissen von ArbeitnehmerInnen konfrontiert. Wissenstransferprozesse übernehmen daher einen immer wichtigeren Bestandteil von Personalarbeit. Wer seine Wissensbasis nicht stetig ausweitet und in MitarbeiterInnen investiert bzw. Wissenstransferprozesse zwischen "Jung" und "Alt" sicherstellt, muss zum einen mit langen Besetzungszeiten rechnen und zum anderen einen Wissensverlust hinnehmen. Im Bereich des Wissenstransfers nimmt Onboarding einen zentralen Stellenwert in Organisationen ein. Gerade die ersten vier Wochen der Integration einer neuen Mitarbeiterin / eines neuen Mitarbeiters sind entscheidend für die

Verweildauer der/des jenigen. Fakt ist, dass ca. 33 % neuer ArbeitnehmerInnen innerhalb des ersten Halbjahres nach einem neuen Job suchen, wenn die Integration nicht funktioniert hat. 23 % verlassen das Unternehmen bereits vor einem Jahr Unternehmenszugehörigkeit, und die Kosten, die dabei entstehen, belaufen sich auf 100-300 % des Gehalts der zu ersetzenden Person (vgl. Ferrenzi, Davis, 2015: 58).

1.2 Erfolg und Misserfolg von Onboarding

Ob nun ein Onboarding Prozess erfolgreich oder nicht erfolgreich verlaufen ist, kann sehr gut daran erkannt werden, wie klar sich eine/ein MitarbeiterIn im Hinblick auf seine Stelle, Aufgaben und Organisationsstruktur ist oder ob es noch sehr viele offene Fragen im Hinblick auf diese drei Themenbereiche gibt. Oft kann eine Identifikation mit den Normen und Werten an Veränderungen des Verhaltens der betreffenden Person festgestellt werden. So ist beispielsweise das Wort "Wir" zu nennen, wenn über die Organisation gesprochen wird, also der klare Ausdruck, dass die/der jenige sich als Teil der Organisation/des Arbeitsteams sieht.

Eine aus Sicht dieses Beitrages sehr gute Auflistung an Kriterien, die auf eine erfolgreiche Integration hinweisen, ist jene von Lohaus und Habermann 2016. Auf diese soll im Folgenden referenziert werden. Sie beschreiben sehr treffend, welche angestrebten Ergebnisse die Integration von neuen MitarbeiterInnen verfolgen sollte. Dabei nennen sie:

- Rollenklarheit: Umfang der Arbeitsaufgabe erfasst zu haben sowie Prioritäten richtig legen zu können

- Selbstwirksamkeit: Das Zutrauen, die gestellte Aufgabe erfolgreich bewältigen zu können

- Soziale Akzeptanz: Diese bezieht sich zum einen auf das Team, in dem gearbeitet wird, als auch auf die Organisation selbst (erkennbar durch die Übernahme von Werten und Normen der Gruppe/Organisation)

- Arbeitsleistung: Wichtigstes Kriterium beim Onboarding ist, dass die/der MitarbeiterIn seine Arbeitsleistung sowohl in quantitativer als auch in qualitativer Hinsicht erbringt

- Politische Fertigkeiten: Die/der StelleninhaberIn verfügt über die Kenntnis und das Geschick im Bezug auf vorhandene Netzwerke und Machtstrukturen

- Engagement: Dies zeigt sich in hohem Arbeitseinsatz, Kooperationsbereitschaft sowie an der Beteiligung bei Problemlösungen

- Zufriedenheit: Wird in Verbindung mit dem Gestaltungsspielraum gesetzt, die die/der MitarbeiterIn bei der Aufgabenerfüllung hat, sowie der Vereinbarkeit mit eigenen Bedürfnissen, wie beispielsweise eine gesunde Work-Life-Balance zu erhalten.

- Commitment/Loyalität: Die Anfangsphase in Organisationen entscheidet sehr stark über die Bindung an die Organisation. Es geht hier vor allem um die Übernahme der Normen und Werte der Organisation in die eigene Wertewelt und inwiefern die eigenen Ziele mit den Zielen der Organisation übereinstimmen. So kann Loyalität entstehen (vgl. 26 ff.).

Treffen die oben stehenden Kriterien auf die/den neuen MitarbeiterIn zu, ist die Integration und daraus resultierend der Onboarding Prozess erfolgreich verlaufen. Das oben Stehende beschreibt ein optimal Szenario, aber was passiert, wenn der Onboarding Prozess nicht gut läuft? Was passiert, wenn die/der MitarbeiterIn sich nicht wohl fühlt aufgrund eines schlechten Arbeitsklimas und daraus resultierend eine Demotivation entsteht? Aus eigener Erfahrung kann gesagt werden, dass bei MitarbeiterInnen, bei denen die Integration nicht gut gelaufen ist, ein Rückzug festgestellt werden kann. Aufgaben werden zwar erledigt, aber nur insoweit, wie es erforderlich scheint. Oder es fehlen Informationen und dadurch entsteht Frustration, die in Form von sozialem Rückzug oder aggressivem Verhalten gezeigt wird. Dadurch entsteht bei der/dem neuen StelleninhaberIn zuerst eine innere Kündigung und damit verbunden ein Ablösen von der Organisation. Daraus resultierend entsteht dann die tatsächliche Kündigung des Arbeitsverhältnisses. Am Ende des Tages entstehen dadurch für Organisationen extrem hohe Kosten. Alleine das Abziehen anderer MitarbeiterInnen zum Zweck der Schulung neuer MitarbeiterInnen beläuft sich auf mehrere Tausend Euro. Es lohnt sich daher, unternehmensseitig in strukturierte und begleitete Onboarding Prozesse zur Wissensweitergabe/-vermittlung zu investieren, um ein positives an "Bord kommen" zu gewährleisten.

1.3 Onboarding als wichtiger Bestandteil im Wissensmanagement von Organisationen

Der Grund, warum Onboarding ein wichtiger Prozessbestandteil des Wissensmanagements in Organisationen ist, ist der, dass sonst Wissenslücken entstehen, die womöglich einen Schaden in Organisationen hinterlassen können. Nimmt man beispielsweise einen hochspezialisierten Techniker her und dieser verlässt aufgrund seiner Pensionierung das Unternehmen und die/der Nachfolger hatte in keinster Weise die Gelegenheit, Arbeitsaufgaben übergeben zu bekommen, so kann dies im Extremfall dazu führen, dass eine ganze Produktionsanlage steht. Weiters stellt Onboarding das zentrale Element in Unternehmen dar, um Wissenstransfer strukturiert abzwickeln. Es kann dadurch zu einer Weitergabe von internem Wissen kommen. Dazu zählen zum einen das Fachwissen, und zum anderen – und dies scheint zusätzlich von Wichtigkeit – das Erfahrungs- und Organisationswissen, das StelleninhaberInnen haben, die das Unternehmen verlassen. Erfolgt hier eine gute "Übergabe" dieses Wissens, ist die/der "Neue" schneller im Arbeitsprozess integriert und kann schneller produktiv arbeiten, was sich zum einen positiv bei der/dem MitarbeiterIn zeigt und zum anderen das Unternehmen schneller Leistungsergebnisse erhält und daraus einen Nutzen ziehen kann. Zu guter letzt sei noch der positive Effekt erwähnt, der bei einem Onboarding Prozess in Form eines "Buddy/Paten/Mentoren" Systems erfolgt. Es kommt auf beiden Seiten zu einer positiven Erfahrung im Hinblick auf den Wissenstransfer, die/der "Neue" fühlt sich schneller sicher in der Erledigung seiner Aufgaben und die/der "Alte" hat das Gefühl, einen wertvollen Beitrag zur Organisation beigetragen zu haben. Weiters fühlt er sich in seiner Rolle als Wissensvermittler anerkannt und wertgeschätzt.

2 Best Practice: Onboarding bei der VKKJ

Ich selber finde Best Practice Beispiele unglaublich hilfreich in der täglichen Arbeit. Sie zeigen, wie andere Lösungen finden, und ermöglichen einen persönlichen Lernfluss sowie daraus resultierend eine Erweiterung des eigenen Wissenstandes. Daher freue ich mich darauf, Ihnen untenstehend das Best Practice Beispiel im Hinblick auf Onboarding und den damit verbundenen strukturierten Wissenstransferprozess am Beispiel meiner Organisation vorzustellen.

2.1 Einführung

Nun, die meisten der LeserInnen werden sich an dieser Stelle wahrscheinlich fragen, wer denn die VKKJ ist. Noch nie gehört. Keine Sorge ich kann sie an dieser Stelle beruhigen, wenn sie nicht ein behindertes oder entwicklungsverzögertes Kind bei sich zuhause haben, kennt uns die Mehrheit der Menschen nicht. Hier in aller Kürze (versprochen) eine kurze Einführung in unserer Organisation, damit sie sich einen Einblick verschaffen können, da es beispielsweise sehr starke Branchenunterschiede bei der Implementierung eines Onboarding Prozesses geben kann bzw. Herausforderungen, die damit verbunden sind.

Die VKKJ ist eine Organisation, die im Gesundheitswesen/Sozialwesen verankert ist. In neun Ambulatorien und einem Tagesheim werden entwicklungsverzögerte und behinderte Kinder, Jugendliche und junge Erwachsene und deren Familien medizinisch und therapeutisch betreut. Medizinisch sind unsere Ambulatorien dem Fachbereich Pädiatrie zugeordnet. Die Unternehmensgröße erstreckt sich mittlerweile auf über 300 MitarbeiterInnen. Elemente des Onboarding Programms waren in der Vergangenheit in unserer Organisation bereits vorhanden, jedoch unsstrukturiert, wie es meiner erfahrung nach sehr oft in Unternehmen vorkommt.

Ich selbst habe bereits Onboarding Prozesse in unterschiedlichen Unternehmen/Branchen entwickelt und umgesetzt. Warum erwähne ich das? Ein aufgesetzter Onboarding Prozess sollte den Organisationsgegebenheiten entsprechen und auf die jeweilige Kultur im Unternehmen abgestimmt werden. Wissenstransferprozesse, wie sie beim Onboarding vorkommen, müssen nicht klassisch Face-to-Face statt finden, E-learnings eignen sich wunderbar dafür, grundlegende Informationen an neue StelleninhaberInnen weiterzugeben. Hierbei können Learning Management Systeme unterstützen, und damit kann gleichzeitig durch die Führungskraft bzw. durch die HR-Abteilung sichergestellt werden, dass die erforderlichen Trainings absolviert wurden.

Nun aber alles der Reihe nach. Im Folgenden erfahren sie, was einen Onboarding Prozess bei der VKKJ auslöst, warum wir "fast" keinen Wissensverlust durch Onboarding erfahren, wie das Onboarding Programm entwickelt wurde und aus welchen Phasen es besteht.

2.2 Warum überhaupt Onboarding einführen?

Die VKKJ hat sich entschieden, einen Onboarding Prozess aufzusetzen, um zum einen Onboarding als Teil des Talentmanagements zu integrieren. Da wie in vielen anderen Organisationen der Altersdurchschnitt bei der Belegschaft zwischen 42 (Frauen) und 47 (Männern) Jahren lag. Der eintretende Nachwuchs sollte seine Einführung in sein Aufgabengebiet, sein Team und seine Organisation als strukturiert und positiv erleben, um sich dadurch besser zurecht zu finden und dementsprechend schnell seine Aufgaben übernehmen zu können. Zum anderen bestand die Herausforderung aufgrund eines über 90 %igen Frauenanteils bei der Belegschaft mit vielen karenzbedingten Austritten und Eintritten umzugehen und hier den Wissenstransfer sicherzustellen. Neben diesen beiden Szenarien wurden generell sechs Möglichkeiten für das Auslösen eines Onboarding Prozesses analysiert:

- Ein befristeter Dienstvertrag endet (siehe das zuvor genannte Beispiel einer Karenzvertretung)

- Vorherige/Vorheriger PositionsinhaberIn hat gekündigt

- Vorherige/Vorheriger PositionsinhaberIn wechselt in eine andere Funktion

- Neue Position wurde geschaffen

- Vorherige/Vorheriger PositionsinhaberIn wurde gekündigt

- Vorherige/Vorheriger PositionsinhaberIn geht in Pension

"Wechsel in eine andere Funktion" sowie "Neue Position geschaffen" treten nur selten auf. Häufiger kommt der Fall einer Pensionierung und Selbstkündigung vor.

Mit einem strukturierten Onboarding Prozess stellt die VKKJ sicher, dass kein Wissensverlust durch Austritte entsteht. Dies ist speziell für eine Expertenorganisation, wie sie die VKKJ ist, von hohem Stellenwert. Neben der strukturierten Übergabe des Wissens an neue StelleninhaberInnen sollte es auf der anderen Seite ein klares Prozedere geben, wenn es zum Austritt kommt.

Sowohl der Eintritt als auch der Austritt von MitarbeiterInnen wird bei der VKKJ begleitet. Im Falle eines Austritts gibt es ein Austrittsgespräch mit der Personalabteilung. Außerdem wird zwischen Führungskraft und MitarbeiterIn genau besprochen, welche Inhalte zu übergeben sind und in welchem Zeitraum die Übergabe erfolgen soll. So ist es in unserem Haus nicht unüblich, dass bei einer Pensionierung einer Führungskraft der Übergabezeitraum sich über ein Jahr erstrecken kann. Im Fall von Fachpositionen sind die Übergabezeiträume kürzer gewählt, sie belaufen sich zwischen ein paar Tagen bis zu zwei, drei Wochen. Selbstverständlich kommt es, wie in allen anderen Organisationen auch, bei der VKKJ zu plötzlichen Mitarbeiterabgängen. Um hier einem Wissensverlust vorzubeugen, wird das Fachwissen in Akten dokumentiert, um das Einlesen einer/eines künftigen Stelleninhabers zu erleichtern. Das organisationsspezifische Fachwissen kann von allen MitarbeiterInnen über das Intranet abgerufen werden. Prozesswissen findet sich im Qualitätsmanagement System wieder. Erfahrungswissen wird informell ausgetauscht bzw. durch die jeweiligen EinschulungskoordinatorInnen weitergegeben. Die VKKJ MitarbeiterInnen eint die gemeinsame Ausrichtung auf den Wert der Gemeinschaftlichkeit beim Arbeiten. Für VKKJ MitarbeiterInnen ist es selbstverständlich gemeinsam in interdisziplinären Teams die beste Lösung für die Behandlung ihrer PatientInnen sicherzustellen. Sie geben daher ihr Wissen an andere KollegInnen gerne weiter. Dies wird deshalb an dieser Stelle erwähnt, weil dies ein organisationskultureller Bestandteil ist, der nicht in allen Organisationen in dieser Ausprägung vorhanden ist.

2.3 Entwicklung des Onboarding Programms bei der VKKJ

Ein Onboarding Programm bzw. Prozess besteht ja nicht nur daraus, einen Einschulungsplan aufzusetzen, sondern umfasst mehrere Komponenten. Als mit dem strukturierten Aufbau begonnen wurde, war die erste Überlegung: Was haben wir schon alles im Hinblick auf das "An-Bord-Nehmen" neuer StelleninhaberInnen? Die Analyse zeigte das Vorhandenseins eines Einschulungsplan (bei der VKKJ als Einarbeitungsplan bezeichnet), ein Gespräch bei der Vertragsunterzeichnung mit der Geschäftsführung, eine Information in Form von losen Zetteln, auf dem das Leitbild und die Ziele standen, die aktuelle Betriebsvereinbarung (eine Kopie) sowie ein Willkommenstag.

Nach der Anlayse des Vorhandenen wurde entschieden, zuerst eine Prozessdauer festzulegen. Das Onboarding Programm gilt nach einen halben Jahr als abgeschlossen. Dieser Zeitraum wurde gewählt, da aus Studien bekannt ist, dass MitarbeiterInnen für Unternehmen ab einem halben Jahr als eingearbeitet gelten und selbständig und entsprechend der Stellenbeschreibung ihre Leistung erbringen können (keine Frage, dies ist ein Normwert, es gibt MitarbeiterInnen und Organisationen, in denen der Prozess länger oder kürzer verlaufen kann). Als nächstes wurde dem Programm "ein Gesicht gegeben". Es wurde ein Logo eingeführt, das auf sämtlichen Unterlagen und online im Zuge des Onboarding Programms (sei es Schulungen, Unterlagen etc.) aufscheint. Es wurde eine Willkommensmappe erstellt, in der sich alle für eine/einen neuen MitarbeiterIn relevanten Informationen befinden. Als nächster Punkt wurde der Einarbeitsungsplan in Phasen umstrukuriert und Verantwortliche für die Einarbeitung der/des neuen MitarbeiterIn definiert. Die Veränderungen des Einarbeitungsplans wurden im Qualitätsmanagement System dokumentiert. Ein Feedbackbogen für den Abschluss des Prozesses wurde eingeführt, um als Personalabteilung eine Rückmeldung zu erhalten, ob noch Inhalte im Prozess auf Seiten der/des MitarbeiterIn offen geblieben sind. Die VKKJ hat eine dezentralen Aufbau, es gibt neun unterschiedliche Standorte der Ambulatorien plus ein Tagesheim. Es war also notwendig, die Führungskräfte im Hinblick auf den Onboarding Prozess zu schulen bzw. die MitarbeiterInnen über die Neuerungen zu informieren.

Das Onboarding Programm der VKKJ besteht aus vier Phasen. Diese sind:

1. Vorphase: Vor Arbeitsbeginn der/des neuen MitarbeiterIn
2. Einschulung: 1.-3. Arbeitstag
3. Fachliche Einschulung: 1.-4. Woche
4. Vertiefende Schulungen – Abschluss Programm/Prozess: ab 4. Woche–½ Jahr

Phase 1: Vorphase

In der Phase 1, die als Vorphase bezeichnet wird, werden alle relevanten Informationen von der zentralen Verwaltung an die jeweiligen Büros der Ambulatorien/Tagesheim weitergegeben. Damit wird sichergestellt, dass am ersten Arbeitstag des neuen Organisationsmitglieds die Grundausstattung an Arbeitsmitteln vorhanden ist, das Türschild angebracht sowie die Emailadresse und Telefondurchwahl vorhanden sind. Die/Der KoordinatorIn wurde durch die Führungskraft festgelegt. Der Termin für den ersten Arbeitstag zur Begrüßung der neuen Stelleninhaberin/des neuen Stelleninhabers wird bei der/dem KoordinatorIn und der zugehörigen Führungskraft im Kalender vermerkt. Es wird ein Vertragsunterzeichnungstermin mit der/dem neuen MitarbeiterIn vereinbart, welchen der Geschäftsführer und die Leitung Personalentwicklung zusammen wahrnehmen. Bei diesem Termin erfolgt die Übergabe der Willkommensmappe sowie eines Willkommensgeschenkes.

Phase 2: Einschulung erste Arbeitstage

Am ersten Arbeitstag wird die/der neue MitarbeiterIn durch die/den KoordinatorIn und durch ihre/seine Führungskraft begrüßt. Es wird der Arbeitsplatz gezeigt und ein Rundgang durch die Einrichtung erfolgt. Es werden die KollegInnen vorgestellt und eine gemeinsame Mittagspause verbracht. Danach werden wichtige arbeitsspezifische Erstinformationen gegeben: Zeitaufzeichnungssystem, Telefon, Fax, Kopierer sowie Arbeitszeit und Pausenregelung. In dieser Phase werden auch die erforderlichen gesetzlichen Schulungen abgehalten.

Phase 3: Fachliche Einschulung

Hier sollen an dieser Stelle nur Beispiele genannt werden, diese sind sehr organisationsspezifisch. Prinzipiell geht es darum, in dieser Phase all jene Schulungen abzuhalten, die für die Aufgabenerfüllung notwendig sind. Es wird empfohlen, diesen Teil durch die Führungskraft bestimmen zu lassen bzw. in jedem Fall eine Abstimmung mit der Führungskraft vorzunehmen, wenn die Schulungen zentral organisiert werden. Es erscheint nicht sinnvoll, neue MitarbeiterInnen in den ersten vier Arbeitswochen mit Schulungen zu überfrachten, sodass keine Aufgaben mehr am Arbeitsplatz selber erledigt werden können. Als Beispiele können in dieser Phase genannt werden: Schulungen im Hinblick auf Prozesse und Richtlinien der Organisation. Bei der VKKJ wäre das beispielsweise die Aktenführung und Dokumentation, Datenspeicherung, Auslastungsziele etc.

Phase 4: Vertiefende Schulungen – Abschluss Programm

Die vierte Phase des Onboarding Programms ist durch ein kurzes Feedbackgespräch vor Ablauf des Probemonats durch die HR-Abteilung und der Führungskraft geprägt. Es werden vertiefende, noch notwendige inhaltliche Schu-lungen mit der/dem neuen MitarbeiterIn vereinbart und abgehalten. Inner-halb des ersten halben Jahres wird der sogenannte "New Comer Day", ein Willkommenstag für alle neuen MitarbeiterInnen, abgehalten. Hier stellen sich die zentralen Bereiche, mit denen die MitarbeiterInnen den meisten Kontakt haben, vor sowie der Betriebsrat. Nach Ablauf der sechs Monate versendet die Abteilung Personalentwicklung den Feedbackbogen zur Beurteilung des Einarbeitungsprozesses an die/den neuen MitarbeiterIn, um eine Rückmeldung über den Ablauf des Onboarding-Programms seitens des neuen Organisationsmitgliedes zu erhalten. Zwischen der 4. Woche und des ersten halben Jahres finden immer wieder Rückfragen im Hinblick auf die Leistung der/des neuen MitarbeiterIn an die Führungskraft statt.

2.4 Vorteile und Verbesserungspotentiale des Onboarding Programms

Einer der zentralen Gründe für die Einführung von Onboarding ist zumeist, dass es danach einen klaren, definierten Prozess für die Einschulung neuer MitarbeiterInnen gibt. Es sollen Fehler vermieden werden wie zB: Eine/Ein neuer MitarbeiterIn hat den ersten Arbeitstag, steht vor der Führungskraft, und diese weiß nicht einmal, dass sie/er seinen ersten Arbeitstag hat, geschweige denn ist ein Arbeitsplatz mit den notwendigen Arbeitsmaterialien vorhanden. Welches Gefühl wird sich der/dem neuen MitarbeiterIn aufdrängen? Er/Sie wird wohl Gedanken haben wie: "Was ist das denn für ein Chaos? Wieso weiß die Führungskraft nicht, dass ich heute anfange?" usw. Um so hilfreicher ist es, wenn im Vorfeld alles gut durch die Personalabteilung begleitet ist, die Führungskraft einen Einschulungsplan erarbeitet hat und regelmäßige Feedbackphasen mit der Führungskraft wie auch mit der/dem neuen StelleninhaberIn vereinbart sind.

Was sind nun die Vorteile, die Onboarding Programme neben dem Effekt der Prozessstrukturierung noch bieten:

- Geordneter Wissenstransfer – kein Wissensverlust

- MitarbeiterInnen haben bereits ein erstes Wissen zur Organisation vor ihrem ersten Arbeitstag (siehe Willkommensmappe – Phase 1)

- MitarbeiterInnen fühlen sich an ihrem ersten Tag gut aufgehoben und informiert – social fit

- KoordinatiorIn und Führungskraft wissen, dass es einen Prozess gibt und kümmern sich selbständig um die Schulungen und Wissensweitergabe

- Gesetzliche Schulungen können im Falle eines Audits entweder per Mausklick oder per Papier sofort nachgewiesen werden

- Zusätzlicher Schulungsbedarf kann bereits während der ersten sechs Monate erkannt und gemeinsam mit der Führungskraft definiert werden

- Die Verankerung des Prozesses mit einem Logo hat zu einer höheren internen Akzeptanz und Wiedererkennung geführt

- Der Prozess ist fixer Bestandteil des Personalmarketing-Mixes und erhöht die Attraktivität als Arbeitgeber

Selbstverständlich gibt es immer Verbesserungspotentiale bei Prozessen. Bei der VKKJ ist die Abteilung Personalentwicklung für die Überwachung des Prozesses verantwortlich. Im Zuge der Einführung wurden folgende Verbesserungspotentiale festgestellt:

- Rücklauf der Einschulungspläne

- Rücklauf der Feedbackbögen nach Abschluss des Programms

- Im Bereich von Führungskräften muss der Einschulungsplan stark angepasst werden

Alles in allem kann hier an dieser Stelle bestätigt werden, dass die Vorteile bei der Einführung eines Onboarding-Programms überwiegen und die VKKJ auf einen erfolgreich implementierten und umgesetzten Onboarding-Prozess blicken kann.

3 Literatur

Brenner D., 2014, Onboarding, Als Führungskraft neue Mitarbeiter erfolgreich einarbeiten und integrieren, Wiesbaden: Springer Gabler.

Chudzikowski K., Demel B., Mayrhofer W., Briscoe J. P., Unite J., Bogicevic Milikic B., Hall D. T., Heras M. L., Shen Y., Zikic J., 2009, Career transitions and their causes: A century-comparative perspective, In: Journal of Occupational and Organizational Psychology, 82, 825-849.

Ferrazi K., Davis T., 2015, The employee integration equation, In: Talent development, Vol.69, Issue 10, 57-60.

Honig M.L., 2012, Alter=Wissen=Weisheit, Wert und Bewertung älterer Arbeitnehmer als organisationale Wissensträger, Saarbrücken: AV Akademikerverlag.

Lohaus D., Habermann W., 2016, Integrationsmanagment – Onboarding neuer Mitarbeiter, Göttingen: Vandenhoeck & Ruprecht.

Wissensmanagement im Bauwesen

Von klassischer Datenerfassung zur smarten Informationsgewinnung

Christian Hofstadler, Daniel Jank

Technische Universität Graz Insitut für Baubetrieb und Bauwirtschaft

hofstadler@tugraz.at, jank@student.tugraz.at

1 Einleitung

Wissensmanagement stellt im Bauwesen einen wesentlichen Erfolgsfaktor dar und kann zu einem deutlichen Wettbewerbsvorteil beitragen. Bei Großprojekten nimmt die Anzahl der Beteiligten stark zu und das Projektmanagement muss eine Reihe von Herausforderungen hinsichtlich der Informationsweitergabe bewältigen. Dabei müssen Aufgabenbereiche abgegrenzt und in Form einer Verantwortungsmatrix klar definiert sein. Der Austausch der wesentlichen Projektinformationen zwischen den Verantwortlichen muss dabei sichergestellt sein, um optimale Voraussetzungen für ein Anwachsen des Projektwissens zu schaffen.

Insbesondere in der Angebotsphase ist es von entscheidender Bedeutung, auf Daten bereits abgeschlossener Bauprojekte zurückgreifen zu können, um Chancen und Risiken besser erkennen und einen angemessenen Preis abgeben zu können. Im Allgemeinen gilt jedes Bauwerk als Unikat, da Rahmenbedingungen, wie beispielsweise die Baugrundverhältnisse, die behördlichen Auflagen, die angrenzende Infrastruktur oder die architektonischen Vorgaben, stets unterschiedlich sind. Allerdings erkennt man bei vertiefter Betrachtung, dass sich jedes Bauwerk aus einzelnen Bauteilen zusammensetzt, die bei anderen Bauprojekten unter vergleichbaren Voraussetzungen hergestellt wurden. Hierbei sind Aufwandswerte (wie viele Lohnstunden müssen für die Herstellung einer gewissen Mengeneinheit, z.B.: m³ Stahlbeton, m² Putz, lfm Ziegelwand etc., aufgewendet werden) eine sehr wichtige Information, über die Rückschlüsse auf die Bauzeit und die erforderlichen Ressourcen gezogen werden können.

Um bei zukünftigen Projekten auf diese essenziellen Informationen zurückgreifen zu können, ist während sämtlicher Bauphasen eine umfassende Dokumentation und in weiterer Folge eine Aufbereitung von Daten in Form von Wissensmanagement unumgänglich. Nach derzeitigem Stand der Technik erfolgt diese Dokumentation anhand von Bautagesberichten, Fotoaufnahmen, Besprechungsprotokollen, Bauarbeitsschlüssel und zum Teil durch REFA Aufnahmen.

Sämtliche Maßnahmen zur Dokumentation dieser wesentlichen Daten stellen einen großen Aufwand zu dem ohnehin bereits umfangreichen Aufgabengebiet eines Bauleiters dar. Wenn eine sehr detaillierte und annähernd lückenlose Dokumentation erforderlich ist, wird eine REFA Analyse in Form einer Multimomentaufnahme angewendet, wobei dazu jedoch ein großer Personalaufwand erforderlich ist. Im Zuge dieses Beitrages soll das Erfordernis von neuen innovativen/smarten Methoden zur Datenerfassung behandelt und der Nutzen von Wissensmanagement im Bauwesen dargestellt werden.

2 Daten, Informationen und Wissen

Im Bauwesen ist es eine große Herausforderung Daten und in weiterer Folge Wissen aus bestehenden Projekten zu gewinnen und für zukünftige Projekte zur Verfügung zu stellen. In allen Projektphasen werden Daten und Informationen benötigt, um die Basis für eine erfolgreiche Projektabwicklung zu schaffen.

Besonders in den frühen Projektphasen, wie beispielsweise der Projektentwicklung und der Angebotsphase sind die handelnden Akteure mit großen Unsicherheiten konfrontiert und es müssen Annahmen getroffen werden, um Bauzeit, Kosten und Ressourceneinsatz abschätzen zu können. Zentrale Fragen sind dabei "Was ist berechenbar?" bzw. "Was ist kalkulierbar?". Aus diesen Gründen werden hohe Anforderungen hinsichtlich Qualität und Quantität der Daten gestellt, die folgende Kriterien erfüllen müssen:

* Validität
* (Schnelle) Verfügbarkeit
* Aktualität
* Vollständigkeit
* Nachvollziehbarkeit
* Angemessener Umfang
* Genauigkeit
* Relevanz
* Reproduzierbarkeit
* Vergleichbarkeit
* Kontextualisierung

- Fehlerfreiheit

Je besser diese Anforderungen erreicht werden, desto zielführender können Prognosen erstellt und realistische Ansätze gewählt werden.

Welche Informationen benötigt werden und besonders wie diese Informationen erfasst werden können, ist sehr stark abhängig vom jeweiligen Produktionssystem, das einer Datenerfassung unterzogen werden soll. Dabei unterscheidet man:

- Soziale Systeme: Der Produktionsprozess erfolgt vorwiegend durch die Zusammenarbeit von Menschen.

- Sozio-Technische Systeme: Der Produktionsprozess ist charakterisiert durch eine starke Mensch-Maschinen Interaktion.

- Technische Systeme: Der Produktionsprozess wird zum überwiegenden Teil von Maschinen durchgeführt.

- Cyber-Technische Systeme: Kombiniert Soziale, Sozio-Technische und Technische Systeme durch eine intelligente Vernetzung auf Basis von Digitalisierung und kann zur Optimierung eines Produktionsprozesses beitragen.

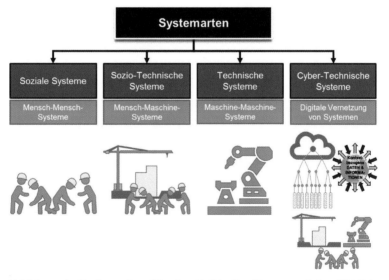

Abbildung 1: Systemarten (Quelle: Hofstadler/Kummer, Jahr: 2017a)

In weiterer Folge soll auf die systematische Dokumentationsmöglichkeit durch die REFA Methodenlehre eingegangen werden.

3 REFA

Der REFA-Verband wurde als "Reichsausschuss für Arbeitszeitmessung" im Jahre 1924 gegründet. Die generelle Zielsetzung ist seitdem die betriebliche Organisation zu verbessern und somit Betriebsabläufe zu optimieren. (vgl. Riedinger / Steinmetzger 2001: S. 1) Hierfür wurde eine Reihe von Methoden entwickelt, die im Hinblick auf die aktuell Einzug findenden Digitalisierungsprozesse ein großes Potenzial zur flächendeckenden Anwendung der Datenerfassungsmethoden darstellen.

Diese klassischen Datenerfassungsmethoden können generell in Zeitaufnahmen und Zählverfahren gegliedert werden, wobei diese durch qualitative Beobachtungen ergänzt werden müssen, um die Umstände der Leistungserbringung zu erfassen und in weiterer Folge etwaige Produktivitätsverluste beurteilen zu können. Im Zuge einer Primärdatenauswertung können daraus Tätigkeitsverteilungen, Prozessdarstellungen und die Dauer der verschiedenen Abläufe ermittelt werden, die im Anschluss durch eine Sekundärdatenauswertung und Einbeziehung der qualitativen Beobachtungen sowie der Herstellungsmengen zu Aufwands- und Leistungswerten und Ursache-Wirkungs-Zusammenhängen ausgewertet werden können.

Diese Daten bilden die Basis für eine zielgerichtete Anwendung von Informationen und eine Wissensgenerierung, die Aufschluss über essenzielle Kenngrößen und projektrelevante Maßnahmen ermöglicht:

Kenngrößen:

- Produktivität
- Leistung
- Aufwand

Maßnahmen:

- Chancen- und Risikobewertung
- Soll-Ist-Vergleiche
- Optimierungspotenzial
- Identifikation von Ablaufstörungen
- Beweissicherung
- Wissensmanagement

3.1 Zeitaufnahmen

Bei Zeitaufnahmen werden die Dauern sämtlicher Teilprozesse eines zuvor festgelegten Gesamtprozesses erfasst und dadurch können beispielsweise Betriebs-, Rüst- und Stehzeiten ermittelt werden. Klassisch wurden diese Aufnahmen mit Stoppuhren durchgeführt, heutzutage können vor allem technische Systeme, durch den Einbau von Sensoren und die Anwendung eines intelligenten Wissensmanagementsystems in cyber-technische Systeme übergeführt werden. Dies ermöglicht zukünftig eine automatisierte Erfassung und Auswertung von Daten.

3.2 Zählverfahren

Zählverfahren (laut REFA auch als Multimomentaufnahmen bezeichnet) bieten gegenüber Zeitaufnahmen den Vorteil, dass der Aufwand deutlich reduziert werden kann, da nicht sämtliche Teilprozesse einzeln erfasst werden müssen. Dabei wird in regelmäßigen oder variablen Intervallen eine Stichprobe eines Gesamtprozesses erfasst und zuvor definierten Tätigkeiten zugeordnet. In Abhängigkeit vom gewählten Stichprobenintervall und der damit verbundenen Anzahl der Stichproben ist der Aufwand für die Datenerhebung steuerbar. Wobei mit Abnahme der Anzahl der Stichproben auch die Genauigkeit der Ergebnisse reduziert wird. Derartige Zählverfahren werden vorwiegend bei sozialen und sozio-technischen Systemen angewandt, wo eine automatisierte, volldigitalisierte Datenerfassung aus heutiger Sicht technologisch sowie rechtlich (Datenschutz) nicht möglich ist. Insbesondere bei komplexen Arbeitsabläufen bei denen eine Vielzahl von Menschen und Maschinen interagieren müssen, wie sie überwiegend auf Baustellen anzutreffen sind, ist für die Daten-erfassung eine fachkundige Person erforderlich, um Tätigkeiten korrekt zuord-nen und auch qualitative Beobachtungen vornehmen zu können, auf die in weiterer Folge eingegangen wird.

3.3 Qualitative Beobachtungen

Insbesondere bei nicht vollautomatisierten Herstellungsprozessen kann eine Vielzahl von Informationen nicht in Form von quantitativen Werten erfasst werden und zusätzliche qualitative Beobachtungen sind vor, während und nach der quantitativen Datenerfassung erforderlich, um in weiterer Folge die Umstände der Leistungserbringung beurteilen und gegebenenfalls zielgerichtet produktivitätssteigernde Maßnahmen (Steuerungsmaßnahmen) vornehmen zu können. Hierbei werden hohe Anforderungen an den Beobachter (siehe Abbildung 2) gestellt, der nicht nur den Herstellungsprozess in einer entsprechenden Detailtiefe verstanden haben, sondern auch den externen Einflüssen (z.B. Witterung) standhalten sowie die Einhaltung sämtlicher Sicherheitsvorschriften gewährleisten muss.

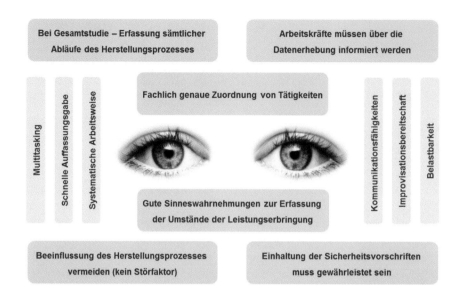

Abbildung 2: Anforderungen an einen Beobachter bei der Durchführung einer REFA Analyse (Quelle: Jank, Jahr: 2017)

4 Aktuelle und zukünftige Entwicklungen im Bauwesen

Das Bauwesen bietet enormes Potenzial zur systematischen Generierung von Daten und zur Weiterentwicklung dieser zu wettbewerbsrelevantem Wissen. Neueste Innovationen wie Building Information Modeling (BIM) ermöglichen die Zuweisung von Informationen innerhalb eines ganzheitlichen dreidimensionalen Planungsmodells unter Berücksichtigung von Bauzeit und Kosten. Dies verbessert nicht nur die Kalkulation in der Angebotsphase aufgrund einer deutlich höheren Genauigkeit der Mengenermittlung sondern vermeidet auch Konflikte in der Ausführungsphase, da sich sämtliche Beteiligte am Planungsprozess frühzeitig abstimmen und innerhalb einer gemeinschaftlichen Planungsumgebung eines Zentralmodells Kollisionen bereits in den frühen Projektphasen erkannt werden.

Mit mobiler Hardware wie beispielsweise Smartphone und Tablet können den Arbeitskräften vor Ort deutlich mehr Informationen zur Verfügung gestellt, Fehler vermieden und der Bauablauf verbessert werden.

Ein erster Schritt zur Effizienzsteigerung bei der Durchführung von Multimomentaufnahmen laut REFA ist Stift und Papier bei der Datenerhebung durch Tablets mit integrierter Auswertungssoftware zu ersetzen. Analysen von durchgeführten REFA Studien haben gezeigt, dass sich durch diesen Digitali-

sierungsprozess der Aufwand bei einem annähernd lückenlosen Dokumentati-
onserfordernis, bei dem in der Regel eine REFA Studie zur Anwendung
kommt, um bis zu 50 Prozent reduzieren lässt, da die händische Datenaus-
wertung entfällt. Diese halbautomatische Datenerfassung bzw. -auswertung
stellt einen ersten Schritt zur verstärkten Anwendung von Datenerhebungen
auf Baustellen dar, um fundierte und für den Projekterfolg essenzielle Daten
und Informationen zu erhalten, aus welchen in weiterer Folge die Wissens-
treppe nach North (siehe Buch Hofstadler/Kummer 2017b) erklommen werden kann.

Abbildung 3: Mobile Anwendungsmöglichkeit von BIM-Modellen
(Quelle: Jank, Jahr: 2017)

Großer Handlungsbedarf besteht jedenfalls noch in der Datenqualität und
-quantität der projektrelevanten Informationen, die durch analoge sowie digitale Datenerfassungsmethoden generiert, in weiterer Folge durch systemati-
sches Wissensmanagement aufbereitet und von den einzelnen Bauteilen des
BIM-Modells nach dem Pull-Prinzip bezogen werden können. Dabei muss die
Datenerfassung beispielsweise durch den Einsatz von Sensoren deutlich effizienter erfolgen und die Effektivität – in Form von erforderlicher Datenqualität,
zum erforderlichen Zeitpunkt am benötigten Ort – verbessert werden.

Durch zukünftige Entwicklungen im Bereich "Virtual Reality", "Augmented
Reality" und "Photogrammetrische Aufnahmesysteme" eröffnen sich jedenfalls
neue Möglichkeiten im Hinblick auf Verknüpfungen mit BIM-Modellen zur ver-
besserten Visualisierung und mobilen Informationsbreitstellung, die die zukünftigen Baustellen sicherer, schneller sowie weniger fehleranfällig machen

können und somit den gesamten Bauprozess für sämtliche Beteiligte verbessern.

Dazu wird an der TU Graz, am Institut für Baubetrieb und Bauwirtschaft, anhand von gemeinsam durchgeführten Projekten mit der Bauwirtschaft, intensiv geforscht.

5 Literatur

Hofstadler, C. & Kummer M. (2017a): Ermittlung und Bedeutung der normalen Bauzeit für Bauprojekte. In: Bauzeitermittlung im SOLL, SOLLTE und IST – Baubetriebliche, bauwirtschaftliche und Rechtliche Aspekte – Tagungsband zum 15. Grazer Baubetriebs- und Bauwirtschaftssymposium. Hrsg.: Hofstadler, C.; Heck, D. & Kummer, M. S. 53-106. Graz. Verlag der Technischen Universität Graz. (ISBN 978-3-85125-515-7).

Hofstadler, C. & Kummer M. (2017b): Chancen- und Risikomanagement in der Bauwirtschaft – Für Auftraggeber und Auftragnehmer in Projektmanagement, Baubetrieb und Bauwirtschaft. Berlin, Heidelberg. Springer-Verlag. (ISBN 978-3-662-54318-4).

Hofstadler, C. & Jank D. (2017): Wissensmanagement im Bauwesen – Von klassischer Datenerfassung zur smarten Informationsgewinnung. Präsentation bei 6. Kremser Wissensmanagement Tage.

Riediger, H.-G., & Steinmetzger, R. (2001): Rationalisierung im Baubetrieb: Möglichkeiten der REFA-Methodenlehre. 45 Jahre Baubetrieb und Bauverfahren in Weimar, S. 1-20.

WBI Wissensmanagement

Guntram Meusburger

WBI Wissensmanagement GmbH

office@wbi.at

1 Wissensmanagement ist ein Führungsthema

Wahrscheinlich ist Ihnen durchaus bewusst, wie wertvoll das Wissen Ihrer Mitarbeiter ist. Ist Ihnen jedoch auch bewusst, wie wichtig es ist, dieses Wissen im Unternehmen zu integrieren und allen zugänglich zu machen? Viele Unternehmen wissen zwar um dieses wertvolle Humankapital, scheitern jedoch oft bereits bei den Versuchen, das Thema im Unternehmen anzugehen – geschweige denn Wissensmanagement erfolgreich einzuführen.

Eines ist ganz klar: Wissensmanagement ist – gerade in der Einführungsphase – eine Führungsaufgabe. Ohne das Verständnis und den Rückhalt der Geschäftsführung wird es nur in Einzelfällen möglich sein, Wissensmanagement erfolgreich einzuführen bzw. weiterzuentwickeln. Wir verwenden hier ganz bewusst den Begriff "weiterentwickeln", denn wir sind überzeugt: Jedes Unternehmen betreibt in der ein oder anderen Form bereits Wissensmanagement – viele jedoch ohne es zu wissen. Meist sind es einzelne Abteilungen oder Bereiche, die bereits Wissen sammeln – sei es auf einem Ordner, auf einem Laufwerk, in einem Wiki oder sogar in einem CMS. Wissensmanagement hat viele Definitionen, Formen und Methoden – doch leider führen nicht alle zum gewünschten Erfolg.

Bei Meusburger beschäftigen wir uns bereits seit über 20 Jahren mit dem Thema Wissensmanagement und integrieren es in unseren Geschäftsalltag. Neben der Standardisierung ist das smarte Wissensmanagement bei Meusburger einer der Gründe für den enormen Unternehmenserfolg. So gelang es beispielsweise in den letzten 20 Jahren, die Mitarbeiteranzahl zu verzehnfachen. Guntram Meusburger – geschäftsführender Gesellschafter der Meusburger Georg GmbH & Co KG – ist überzeugt von der bei Meusburger gelebten Methode des Wissensmanagements. In seinem Buch "Wissensmanagement für Entscheider" stellt er daher die von ihm über die Jahre entwickelte Wissens-Management-Methode "WBI" vor. WBI Wissensmanagement steht für "Wissen besser integrieren" und ist aus der Praxis für die Praxis entstanden.

Ziel von WBI Wissensmanagement ist es, vor allem das Erfahrungswissen der Mitarbeiter für das Unternehmen zu sichern und es im Team ständig weiterzuentwickeln. Die Qualität des erfassten Wissens steigt, was sich am Ende natürlich auch positiv auf die Qualität der Produkte, die Produktivität, die Wettbewerbsfähigkeit und somit auch auf die Marktposition auswirkt. Denn Wissen hat – gerade bei Meusburger – einen hohen Wert, der tagtäglich durch neues Wissen erhöht wird. Man könnte es auch mit einem Bankkonto vergleichen, auf das regelmäßig eingezahlt wird.

Bei Meusburger kommen die MitarbeiterInnen und vor allem Führungskräfte mehrmals täglich mit WiDoks (Wissensdokumente, näheres dazu siehe Kap. 2) in Berührung und nutzen sie als erste Anlaufstelle bei Fragen oder Unklarheiten. Dadurch werden die Experten weniger in ihrer Arbeit unterbrochen und können sich voll auf ihre Aufgaben konzentrieren. Einer der vielen, positiven Nebeneffekte des Wissensmanagements. Unser Fokus liegt jedoch nicht nur auf den zahlreichen Vorteilen, sondern auf der wichtigen Rolle der Führungskräfte: Denn gerade eine Führungskraft sollte beim Wissensmanagement sowie bei der Arbeit mit Wissensdokumenten stets ein Vorbild sein. Das bedeutet jedoch nicht, dass er über möglichst viele eigene WiDoks verfügen muss, sonden äußert sich in mehrerlei Hinsicht:

1. Wissensdokumente dienen der Koordination und Kommunikation von Informationen im Unternehmen. Durch simple Benachrichtigungsfunktionen und mittels Dokumentenlenkung können Wissensdokumente von Führungskräften bewusst an die notwendigen Stellen vermittelt werden. Denn gerade Führungskräfte haben aufgrund ihrer Funktion oft einen guten Überblick – auch über Abteilungs- und Teamgrenzen hinaus.

2. Eine Führungskraft kann beispielsweise das Wissen aus einem WiDok bei einem Arbeitsgespräch als Grundlage heranziehen, um bewusst auf die Inhalte des WiDoks Bezug zu nehmen. Bezieht man sich im Gespräch öfters auf ein Wissensdokument, so kommen einerseits die darin verwendeten Begrifflichkeiten vermehrt in den Sprachgebrauch und andererseits wird die Qualität des bereits erarbeiteten Wissens bewusst ins Gespräch miteinbezogen. Das Meeting wird dadurch auf ein höheres Niveau gehoben und die Teilnehmer erfahren eine Art inhaltliche Schulung.

3. Wissensdokumente werden aber auch auf andere Weise als Basis für Arbeitsgespräche und Meetings herangezogen. Wird den TeilnehmerInnen beispielsweise zur Vorbereitung auf einen Termin vorab ein WiDok zur Verfügung gestellt, so können alle mit dem gleichen Wissensstand in das Meeting gehen. Das spart viel Zeit und Nerven und befähigt die Mitarbeiter in Meetings gemeinsame Entscheidungen auf Basis von WiDoks zu treffen.

4. Kommen während einem Arbeitsgespräch Fragen oder gar Probleme auf, so hilft es nach einem entsprechenden Wissensdokument zu suchen. Oft stehen darin relevante Fakten, wichtige Informationen oder wertvolle Erfahrungen, die als Antwort oder Lösung herangezogen werden können. Dadurch kann die Qualität und Länge von Meetings positiv beeinflusst werden.

5. Sollten bei Wissensdokumenten Fehler oder Lücken auftauchen, so ist es die Aufgabe der MitarbieterInnen und Führungskräfte gemeinsam an der Verbesserung bzw. Weiternetwicklung zu arbeiten. Dazu wird einfach der Inhaltsverantwortliche kontaktiert und auf den Mangel hingewiesen.

6. Wird im Zuge eines Arbeitsgespräches neues Wissen generiert, liegt es im Verantwortungsbereich der Führungskraft, dieses wertvolle implizite Wissen entsprechend von einem Mitarbeiter erfassen zu lassen. Dazu wird eine kompetente Arbeitskraft mit der Erstellung eines WiDoks am eigenen Arbeitsplatz beauftragt. Das entsprechende WiDok wird anschließend der Führungskraft vorgelegt und dessen inhaltliche Richtigkeit und Vollständigkeit überprüft. Ist die Qualität des WiDoks zufriedenstellend, kann es veröffentlicht und an alle TeilnehmerInnen der Besprechung verteilt werden. Man könnte also sagen, eine Führungskraft muss wie ein Falke ständig auf der Jagd nach Wissen sein und im entscheidenden Moment reagieren.

7. Betrachtet man alle WiDoks einer Arbeitskraft, ist sofort ersichtlich, welche Themen in dessen Zuständigkeitsbereich fallen. Durch diese klare Zuordnung der Verantwortung ist es auch möglich eine Art Mitarbeiterentwicklung zu fördern bzw. zu steuern.

8. Durch die Übergabe oder das Vererben von Wissensdokumenten können Zuständigkeiten und Aufgaben schnell und leicht an MitarbeiterInnen delegiert werden. Die Inhaltsverantwortlichen haben in der Folge dafür Sorge zu tragen, dass Theorie und Praxis im Unternehmensalltag zusammenstimmen. Sollte es Veränderungen oder Korrekturen in gewissen Abläufen oder Prozessen benötigen, so können durch das Überarbeiten von WiDoks Veränderungsprozesse angestoßen werden – und das mit wenig Energieaufwand.

Sie sehen – gerade im Hinblick auf ein erfolgreiches, lebendiges Wissensmanagement muss eine Führungskraft aktiv werden und eine Vorbildfunktion einnehmen. Die Führungskraft gibt damit einen klaren Kurs vor und gestaltet die entsprechenden Rahmenbedingungen. Das Führungsverhalten hat einen starken Einfluss auf das Arbeitsklima und die Unternehmenskultur sowie auf die Bereitschaft der Wissensgenerierung und Wissensteilung bei den MitarbeiterInnen.

"Nur durch den strategischen und organisierten Umgang mit der Ressource Wissen ist es möglich, das Unternehmen konsequent weiterzubringen. Ich kann allen Eigentümern und Geschäftsführern nur anraten, sich mit dem Thema Wissensmanagement auseinander zu setzen. Ich bin überzeugt, nur so kann das Potenzial eines Unternehmens voll ausgeschöpft werden. Ich möchte daher alle meine Kollegen ermutigen, den anfänglichen Aufwand in Kauf zu nehmen, um langfristig davon zu profitieren. Bedienen Sie sich dabei gerne unserer 20-jährigen Erfahrung – mein Team und ich stehen Ihnen gerne für Fragen und persönliche Gespräche zur Verfügung und unterstützen Sie bei Ihrem Vorhaben", (Guntram Meusburger).

2 WBI - die smarte Wissensmanagement-Methode

WBI steht für "Wissen besser integrieren" und ist eine einfache Methode des Wissensmanagements, die auf über zwanzig Jahren Entwicklungsgeschichte und Erfahrung von Meusburger basiert. Das Ziel von WBI ist es, das Unternehmenswissen den Mitarbeitern so zugänglich zu machen, dass sie es für die erfolgreiche Bewältigung ihrer Aufgaben nutzen können.

Als Herzstück der WBI Methode dienen die Wissensdokumente – kurz WiDoks. Es handelt sich dabei um kleine Einheiten zu einem gewissen Thema oder einer Fragestellung. Bei der WBI-Methode wir alles relevante Erfahrungs- und Faktenwissen in solchen Wissensdokumenten erfasst und später verwendet und weiterentwickelt. Experten auf den jeweiligen Themengebieten – die sogenannten Inhaltsverantwortlichen – zeichnen für die Inhalte, deren Aktualität und deren Relevanz verantwortlich und können bei Fragen oder Anregungen durch die anderen MitarbeiterInnen kontaktiert werden.

Oft entsteht auch bei Arbeitsgesprächen – also im Dialog zwischen Wissensträgern – neues Wissen, das dann in weiterer Folge wieder in WiDoks erfasst bzw. ergänzt wird. Gerade wenn in einem Meeting neues Wissen entsteht, ist dieses höchst wertvoll für alle Beteiligten sowie für das Unternehmen selbst. WBI Wissensmanagement zeigt auf, wie derartiges Wissen erfasst und gesichert werden kann und sorgt somit nicht nur dafür, dass die Suche in der Wissensbasis erfolgreich ist, sondern auch dafür, dass es auch relevantes Wissen zu finden gibt.

Uns ist klar: damit Wissen in weiterer Folge auch wirksam wird, sollte es zudem immer in Entscheidungen und Handlungen resultieren, sonst ist das Wissen ökonomisch sinnlos und verstaubt in irgendeinem System, einem Laufwerk, einem Wiki oder in einer Datenbank. Daher ist es notwendig, dass das Wissen leicht auffindbar und zentral zugänglich ist. Es sollte immer genau an der Stelle im Unternehmen zur Verfügung stehen, an der es benötigt und eingesetzt wird.

Die konsequente tägliche Anwendung unserer Wissensdokumente in Verbindung mit einer fortlaufenden inhaltlichen, technischen und organisatorischen Weiterentwicklung unseres Intranets, stellt für Meusburger einen entscheidenden Erfolgsfaktor dar. Neben der Standardisierung ist dies einer der Gründe, warum es uns gelang, die Mitarbeiterzahl in den letzten 20 Jahren zu verzehnfachen.

Im November 2015 erhielt Meusburger als einziges österreichisches Unternehmen die Auszeichnung "Exzellente Wissensorganisation 2015". Die "Gesellschaft für Wissensmanagement e.V." prämierte damit das Wolfurter Familienunternehmen für ihren firmeninternen Umgang mit der Ressource Wissen.

Durch die WBI-Methode gelang es Guntram Meusburger die Systematik und Philosophie des smarten Wissensmanagements von Meusburger so zu neutralisieren, dass für jedes andere Unternehmen adaptiert werden kann – unabhängig von der Firmengröße sowie der Branche. Die WBI-Methode ist eine Art Baukasten, der durch seine einzelnen Module ganz einfach an die eigenen Anforderungen angepasst werden kann.

In seinem Buch "Wissensmanagement für Entscheider" stellt Guntram Meusburger die von ihm entwickelte WBI-Methode vor. Der Geschäftsführer des erfolgreichen österreichischen Familienunternehmens Meusburger in Wolfurt liefert im Fachbuch passende Beispiele für Betriebe jeder Branche und Größe, gibt Tipps und beschreibt erprobte Verfahrensweisen. Unternehmen profitieren von zahlreichen Vorteilen wie Zeit- und Kostenersparnis, Qualitätssteigerung, Sicherheit, Innovationskraft sowie Motivation und Wohlbefinden.

3 Literatur

Meusburger, G. (2015): Wissensmanagement für Entscheider. Vorarlberger Verlagsanstalt.

Agility Requires and Unleashes Knowledge Management

Richard Pircher

Fachhochschule des BFI Wien

richard.pircher@fh-vie.ac.at, www.richardpircher.com,
https://at.linkedin.com/in/richardpircher/de

Abstract

Today many companies have to struggle with different challenges such as having to face increasing volatility and ambiguity in the markets. From a global perspective, the average engagement of employees is very low. Managers tend to be overloaded with data and lose contact to the strategic perspective. Hence there are several examples of companies and NPOs which have found ways to solve problems like these. They function on the basis of an agile and flexible self-organization instead of a hierarchical pyramid. Despite distinct features in detail, this kind of a relatively new way of organizing may be summarized with the following characteristics: purpose-driven, distributed authority, self-management, and wholeness. In this paper, I review characteristics, strengths and challenges of these approaches. Some popular misconceptions are also addressed. The paper shows different approaches of how to implement or rather integrate flexible self-organization. Some topics are discussed which may become crucial during such an organizational change process. The traditional way of dealing with issues like strategy, planning, decision making and project management does not fit to this new managerial approach. Does this mean that knowledge management outdated as well in times of volatility? In this paper I draw the conclusion that this is not the case. Agile environments require some functions of Knowledge Management and improve its execution substantially.

4 The future of organization is alive already

In hierarchical organizations, all decisions of relative importance are usually made by managers. Very often, they are not connected to the practical activities anymore. Hence those decisions are not well-founded in many cases and cause resistance among the sub-ordinates. To be subjected to such decisions, reduces the motivation of many employees. From a global perspective, only 13 % of employees was found to be actively engaged at work, whereas 24 % are actively disengaged (Gallup 2013). On the one hand, managers tend to be overloaded by operative details and lose sight of the strategic perspective. On the other hand, they apt to hold on to the power and status of their position within a stable hierarchy.

But it may be possible to find some organizations in Europe and the USA which do not even have flat pyramidal hierarchies but no rigid one at all. Interestingly, those companies have developed their own approaches more or less independently from one another. Semco in Brazil is probably the first example which needs to be discussed in this context (Semler 2004). Frederic Laloux described 12 more in his book "Reinventing Organization" (Laloux 2014). Some others may have been found in the meantime. These organizations include production (e.g. Tele Haase, Morning Star, Patagonia), service industry (e.g. Zappos), profit (e.g. SUN hydraulics) and NPO (e.g. rhd, ESBZ). Some of these organizations are small (e.g. Premium Cola) and some are big (e.g. AES, Buurtzorg). Moreover, it is interesting to point out that some were already founded in a self-organized manner (e.g. Buurtzorg), whereas others were transformed (e.g. FAVI, Poult). These organizations show successful results by applying organizational practices which radically contradict dominating convictions. The US-company Morning Star produces tomatoes worth $700 million annually with about 400 employees. They achieved a double-digit growth rate compared to the 1 % of their competitors. The Dutch neighborhood-nursing organization Buurtzorg grew from 10 employees to 7000 with a market share of 75 % within 7 years. These are examples for organizations which differ fundamentally from well-known organizational structures.

Self-organized Companies:

Fig. 1: self-organized companies (Pircher 2015b, Laloux 2014, Pircher 2016, Hamel 2011)

Laloux (2014) summarizes four characteristics of these different approaches which were mainly developed independently form one another. To a different extent, they show the following features: purpose-driven, self-management and distributed authority, as well as wholeness.

4.1 Purpose-driven

Serving the purpose or mission of the organization provides the leading orientation for every decision and action. Whether an idea or argument is good or bad will be judged by this estimation. Every employee at Morning Star "is responsible for drawing up a personal mission statement that outlines how he or she will contribute to the company's goal of 'producing tomato products and services which consistently achieve the quality and service expectations of our customers.'" (Hamel 2011).

4.2 Self-Management and distributed authority

The power to make decisions is allocated to those people in the organization who are competent. Employees decide how much money to spend on specific purposes. They are responsible for acquiring the knowledge and tools needed to do their work. Employees even determine the strategy and salary but they also know that they have to earn the required profits. There are neither titles nor promotions because there are no managers anymore. However, everybody is a manager in terms of competencies to make decisions. One employee puts it like that: "I'm driven by my mission and my commitments, not by a manager" (Hamel 2011).

The structures give people high autonomy within their domain. Employees negotiate responsibilities with their peers. They apply market-style practices in their relationships. If they lack the money to make certain investments, they have to convince colleagues to lend them money. "There is a social risk in doing something your colleagues think is stupid." (Hamel 2011, see also Laloux 2014).

4.3 Wholeness

People do not have to fit into predefined roles They tend to be seen as a whole human being, not only a rational employee. As a consequence, many of the employees will develop their full potential. Moreover, they are expected to take on more responsibilities as they develop further competencies. The roles are therefore more versatile and complicated than elsewhere (Laloux 2014, Hamel 2011). For all the above mentioned reasons, individual development is more accessible than in hierarchical organizations (e.g. Rooke / Torbert 2005).

5 Strengths and Challenges

It may be concluded that in such organizations, the employees have a lot of freedom to do what they are convinced is the best thing to serve the purpose. Simultaneously, they have peer-negotiated responsibility for the results of their actions. There are almost no rigid structures like a hierarchical pyramid and status markers which keep them from fulfilling their mission. Certainly, there are clearly defined processes for decision-making and accountability.

Such a fundamental shift of organizational structure and culture also has its drawbacks. It usually takes quite a long time to get accustomed to it and to become productive. *Acculturation* is not easy. Not everybody is willing to work for such an organization or is suitable for it. Employees who are used to working in a rigid hierarchical environment may not be able to adjust. This selection criterion is difficult to assess and constitutes a limitation for growth in terms of number of employees. Hence, *recruiting and on-boarding* represent growth-limiting factors. Without a hierarchical ladder to climb, employees may also find it *difficult to evaluate and communicate their progress* in comparison to their peers. That can become a handicap when they want to switch companies. Peer-negotiated responsibility requires *explicit feedback* in case a counterpart did not meet his or her promises. This may be challenging for employees on both sides, but it constitutes a core factor for productivity (Hamel 2011; Pircher 2015a).

It appears to be evident that a new type of purpose-driven organization requires people with the ability and willingness to manage their actions and competencies quite independently and coordinate them with colleagues. On top of their professional expertise, they have to establish self-management and self-leadership abilities. Self-leadership may be defined as "a comprehensive self-influence perspective that concerns leading oneself toward performance of naturally motivating tasks as well as managing oneself to do work that must be done but is not naturally motivating" (Manz, 1986: p. 589). In addition to self-management, the concepts of the "what" and "why" are covered. By focusing on the "why" and "what" of self-influence, individual self-leaders address the underlying reasons for effort and behavior (Manz, 2013). Increased self-leadership corresponds with better affective responses and improved work performance (Stewart, Courtright & Manz, 2011).

For this new approach in organizing collaboration, we may summarize the following *strengths*:

- increased flexibility and responsiveness;

- higher ability to create innovation;

- strong commitment of employees to decisions because they are invited to take part in them actively;

- decisions and actions are more strongly linked to the purpose and the strategy of the company.

... and *weaknesses*:

- recruiting, on-boarding and acculturation are much more important and difficult;

- it may be challenging for employees to evaluate and communicate their progress in comparison to peers;

- performance and payment could be difficult to assess;

- self-management and self-leadership-competencies are required.

6   Popular misconceptions concerning self-organization

This type of flexible self-organization seems to contradict our fundamental assumptions regarding the organization of human collaboration. This fact results in a lot of misconceptions which are addressed briefly in the following paragraphs:

- "There is a lot of talking and little action": Clear structures and processes create a "grid" which channels discussion and interaction towards the purpose. Personal accountability for actions and achievements ensures that nobody hides behind the decisions of a superior.

- "There are still hierarchies but hidden ones": A fluid and purpose-driven structure allows existing human competencies to be effective wherever they are needed. There are still different levels of competency but they are neither rigid nor self-sustaining.

- "This is a nice hippie utopia but it does not work in real business life": Most of these new organizations earn profits which they could even increase through this fundamental transformation.

7   How to get there? Green-field, radical or incremental change

There are basically three possibilities of how to reach a status of self-organization:

- a new organization is founded on the basis of the principles of self-organization (e.g. Premium Cola);

- a radical change is ordered for an existing hierarchical organization by its top-management (e.g. by Tony Hsieh at Zappos using Holacracy, e.g. Gelles 2015);

- a process of incremental and participative step-by-step change is started (e.g. Tele Haase).

Which of these approaches is the one of choice strongly depends on the history of the organization and on the mindset of the leaders and owners. If change of the company as such seems to be impossible or too difficult, it could be a suitable solution to found a new organization as an "incubator" of innovation, etc. The challenge then could be to integrate these innovations into the "old" company. A radical change from pyramid to hierarchy-free self-organization needs a lot of decidedness and readiness to accept risks. The incremental approach allows developing a suitable solution step-by-step which fits to the existing organization.

In any case, one precondition is indispensable: A leader or owner who realizes the potential of a much more flexible and responsive organization and who takes the risk of starting something completely new. A human being who embodies such a collaborative and participative mindset of the future company is required (Laloux, 2015).

During transformation, the following "hot topics" are likely to gain importance:

- What is the real purpose, the mission of the organization?

- Which approach does best fit to the organization to gain more organizational flexibility? Is it advisable to develop something completely new on the green-field? Is it better to implement a predefined concept like Holacracy (Robertson 2015)? Or is it recommendable to start a step-by-step process with a first team or department?

- What are approaches which fit to the purpose and the history of the organization regarding topics such as decision-making, definition of roles and processes, competency-development in areas like self-leadership, etc.?

- How can present managers be supported to find an image of their future identity in the organization?

- How can an organization negotiate salaries without any hierarchies and traditional career ladders?

- Who wants to join the journey? How should an organization part ways with employees who cannot identify with the new organizational identity and structure?

- What recruiting process is recommendable to find the best candidates who can also identify with the company culture?

8 Knowledge Management in Agile Organizations

The traditional way of dealing with issues like strategy, coordination, financial planning, decision-making and project management does not fit into this quite new managerial approach.

Does this mean that knowledge management is outdated as well in agile organizations and times of volatility?

In decentralized organizations with distributed authority and decision-making virtually everybody needs access to essential data and knowledge of the organization. There not only the former managers but nearly everybody requires core competencies for being able to manage their work. Due to this substantially increased significance of accessibility of knowledge and competencies it may be concluded that Knowledge Management becomes even more important in agile organizations with distributed authority.

On the other hand in agile organizations some of the obstacles for successful Knowledge Management in practice appear to be improved substantially or are even removed. Due to the decreased significance of power games, status symbols, hierarchical and departmental boundaries and "silos" and the high importance of reaching common goals a much better environment for managing knowledge may be found in agile organizations than in usual managerial pyramids. The motivation to participate may be expected to be much higher.

A kind of agile Knowledge Management in dynamic organizations with decentralized decision making

- supports all employees in the execution of their operative and managerial tasks

- covers quantitative, qualitative and intuitive areas of knowledge

- is highly adaptive, dynamic and agile itself

9 Conclusion

Generally speaking, the ability of companies to survive is nowadays endangered by a more and more volatile and ambiguous environment and by rigid internal structures. Every year we see business "dinosaurs" of an old military management style passing away because they were unable to adapt to changing environments. Sometimes they even seem to be too arrogant to take these changes seriously.

For those leaders who accept the challenge, hierarchy-free self-organization offers possible answers. These concepts give the company much more flexibility, foster innovation and increase the commitment of the employees towards the common purpose. However, drawbacks are inevitable and important decisions need to be made: Which approach is the most suitable for the existing company? How can crucial topics be addressed? What can be done with managers and employees who do not want to join the journey?

In business as in nature, not the strongest survives but those who are best adapted to their environments. Rigid pyramidal organizations may survive in niches but it may be assumed that they will not be the determining concept for the networked and global economy. It is very likely that the current concepts of flexible self-organization will be further developed in the near future.

People working in agile environments essentially require many functions of Knowledge Management. First of all, they need to know the current status of their working environment and its results. To develop their competencies further in a diverse range of fields becomes crucial. Moreover, its vital to communicate and collaborate with other people in the whole organization. Therefore, in such dynamic companies the significance of Knowledge Management is even higher than in others. Additionally, many impediments for the successful application of Knowledge Management are largely reduced or even removed at all. Therefore, Knowledge Management professionals should try to understand this fundamentally different way of organizing collaboration. They would be well advised to actively engage in the changed environments of agile organizational structures.

10 References

Hamel, G. (2011): First, Let's Fire All the Managers, Harvard Business Review, Dec. 2011, https://hbr.org/2011/12/first-lets-fire-all-the-managers (accessed 8.12.2017)

Laloux, Frederic (2014): Reinventing Organizations: A Guide to Creating Organizations Inspired by the Next Stage of Human Consciousness, Brussels: Nelson Parker http://www.reinventingorganizations.com; http://reinventing organizationswiki.com

Laloux, Frederic (2015): The Future of Management Is Teal. http://www. strategy-business.com/article/00344?gko=10921 (accessed 8.12.2017)

Manz, Charles C. (1986): Self-leadership: Toward an expanded theory of self-influence processes in organizations. In: Academy of Management Review 11.3. p. 585-600.

Manz, Charles C. (2013): Taking the Self-Leadership High Road: Smooth Surface or Pot Holes Ahead? In: The Academy of Management Perspectives, Dec. 2014

Gelles, David 2015: At Zappos, Pushing Shoes and a Vision. In: New York Times July 17 2015, http://www.nytimes.com/2015/07/19/business/at-zappos-selling-shoes-and-a-vision.html (accessed 8.12.2017)

Pircher, Richard (2015a): Self-leadership in Purpose-driven Organizations: Analyzing Human Perception For More Integrated Decision-making. In: Proceedings Dubrovnik International Economic Meeting

Pircher, Richard (2015b): The Future of Organizing. http://de.slideshare.net/pircher/, (accessed 27.9.2015)

Pircher, Richard (2016): The Common Sense Company – Purpose Driven Self-organization in Practice and Theory. In: Challenging Organizations and Society – Reflective Hybrids, Vol. 5, Issue 1, p. 900-913

Robertson, Brian (2015), Holacracy: The New Management System for a Rapidly Changing World. New York: Henry Holt and Co.

Rooke, David / Torbert, William R. (2005): 7 Transformations of Leadership. In: Harvard Business Review, April 2005, 67-76, https://hbr.org/2005/04/seven-transformations-of-leadership (accessed 8.12.2017)

Semler, Ricardo (2004): The Seven-Day Weekend: Changing the Way Work Works, New York: Penguin

Stewart, G. L., Courtright S. H., and Manz, C. (2011), Self-leadership: A multilevel review. Journal of Management 37.1, p. 185-222

Die Transformation zur Netzwerkgesellschaft und ihre wenig beachteten Nebenwirkungen

Herbert Saurugg

Experte für die Vorbereitung auf den
Ausfall lebenswichtiger Infrastrukturen

office@saurugg.net

1 Die Transformation zur Netzwerkgesellschaft

Viele aktuelle Diskussion und Debatten drehen sich um die "Digitalisierung". Neue, disruptive Geschäftsmodelle sollen entwickelt werden bzw. entstehen. Prozesse effizienter und billiger werden. Durch die Loslösung von materiellen Werten und Ressourcen kommt es zu völlig neuen Skaleneffekten, die zum *"The Winner Takes It All"*. Blickt man etwas hinter die Kulissen, geht es hauptsächlich um Vernetzung und den Einsatz von Informations- und Kommunikationstechnologien (IKT). Selten wird jedoch die Frage nach konkreten Zielsetzungen gestellt. Die Gewinnmaximierung ist sowieso selbstverständlich.

Vielen von uns ist kaum bewusst, dass wir uns mitten in einer fundamentalen gesellschaftlichen Transformation befinden. Diese wurde mit der Entwicklung von Computern in den 1950er Jahren eingeleitet. Neben der bisherigen Agrar- und Industriegesellschaft entsteht die Netzwerkgesellschaft. In der Literatur werden weitere Begriffe wie Informations- oder Wissensgesellschaft, die dritte industrielle Revolution (Rifkin 2016) oder die zweite Moderne (Beck 2017), verwendet. Auch der Begriff "Digitalisierung" kann dafür herangezogen werden, wenngleich die damit verbundene Tragweite selten impliziert wird. Netzwerke und im weitesten Sinne "Beziehungen" spielen bei dieser Transformation eine zentrale Rolle. Daher wird in diesem Beitrag der Terminus "Netzwerkgesellschaft" verwendet. Information oder Wissen hat hingegen eine immer kürze Halbwertszeit. Parallel dazu wird der bisher vorherrschende tertiäre Wirtschaftssektor (Dienstleistungen), wie zuvor der primäre Sektor (Landwirtschaft) und der sekundäre Wirtschaftssektor (Industrie), weitgehend automatisiert (Dueck 2010).

Der zunehmende Verdrängungswettbewerb findet in den verschiedensten Gesellschaftsbereichen statt. Einen derart raschen, zeitgleichen und globalen Umbruch hat es in der Menschheitsgeschichte noch nie gegeben. Und nicht nur das. Die bisher sehr erfolgreichen Prinzipien der Industriegesellschaft wie Standardisierung, Synchronisierung, Konzentrierung, Spezialisierung, Maximierung oder Zentralisierung werden in der Netzwerkgesellschaft fundamental auf den Kopf gestellt. Langfristig werden sich komplett gegensätzliche Prinzipien wie Personalisierung und Individualisierung, Vielfältigkeit, Asynchronität, Dezentralisierung und Miniaturisierung durchsetzen. Vieles davon sehen wir bereits heute. Industrie 4.0 wird einen weiteren Beitrag dazu liefern. Einzig beim Thema *"small is beautiful"* sehen wir noch meistens Gegenteiliges: Wir gestalten immer mehr Bereiche nach dem Motto *"too big to fail"*. Ob das im Finanzsystem, in der Pharmaindustrie oder der globalen Logistik ist, die Beispiele werden immer mehr. Zentralisierte Systeme sind in der Regel effizienter und kostengünstiger, jedoch auch anfälliger für Großstörungen. Es gibt kein System, dass nicht versagen kann. Daher hat sich auch in der Natur *"small is beautiful"* durchgesetzt. Etwas, dass sich wohl auch gesellschaftlich noch durchsetzen wird (Beck 2017). Erste Ansätze in der Stärkung der regionalen Wirtschaft sind ja schon zu erkennen.

Weitere Beispiele wie die dezentrale Energieversorgung, die Nanotechnologie, die Produktwahlmöglichkeiten oder Losgröße 1, die Interaktion via Soziale Medien, bestätigen, was der amerikanische Zukunftsforscher Alvin Toffler bereits in den 1970er und 80er Jahren skizzierte (Toffler 1970, 1980). In der sich entwickelnden Netzwerkgesellschaft entstehen auch neue Spielregeln für das Zusammenleben. Transparenz, Partizipation und Kollaboration sollen eine zunehmend wichtigere Rolle spielen, um mit der vom Menschen geschaffenen Komplexität erfolgreich und nachhaltig umgehen zu können. Diese Veränderungen führen natürlich zu innergesellschaftlichen Konflikten und Reibungsverlusten, prallen doch verschiedene Weltsichten aufeinander. Was wir heute bereits in vielen Bereichen wahrnehmen aber oftmals nicht zuordnen können. Die bisher erfolgreiche Logik greift nicht mehr. Ob in der Unternehmensführung, Politik oder beim Lösen von überregionalen und globalen Problemen, wie dem Klimawandel, der Ressourcenverknappung oder Migration, überall stoßen wir an (Denk)Grenzen. Immer häufiger bleiben wir ratlos zurück bzw. verschwenden wichtige Zeit, die wir nicht mehr aufholen werden können. Dabei soll schon Albert Einstein gesagt haben, dass man Probleme nicht mit derselben Logik lösen kann, mit der man die Probleme geschaffen hat.

Daher erscheint es notwendig, dass sich auch die Wissenschaft und das Wissensmanagement mit diesen Entwicklungen beschäftigen. Denn auf der falschen Grundlage kann bisher Bewehrtes rasch in die Sackgasse führen. Große Firmen wie Kodak oder Nokia zeugen davon. Obwohl sie in ihrem Segment Marktführer waren und großes Know-how aufgebaut hatten, wurden sie in kürzester Zeit und völlig überraschend von der neuen Realität überholt. Ihr Wissen war binnen weniger Jahre wertlos. Das war erst der Anfang. Vielen großen Firmen und Marken wird es in den nächsten Jahren wohl ähnlich ergehen. Die Energiewirtschaft hat schon einen Vorgeschmack bekommen. Die Automobilindustrie wird wohl eines der nächsten Opfer dieser Umbrüche werden.

2 Effizienz oder doch Effektivität

Unsere derzeitige marktwirtschaftliche Wachstumslogik gebietet uns fortlaufend die Effizienz zu steigern. Was an und für sich nicht schlecht ist. Jedoch wird dies immer häufiger nur mehr zur Aufrechterhaltung des Wachstums vorangetrieben. *"Systeme, die nur dann lebensfähig sind, wenn sie permanent wachsen, sind langfristig zum Tode verurteilt – und zwar ab dem Moment, wo ein weiteres Wachstum nicht mehr möglich ist."* (Ossimitz, 2006:56).

Zudem steht Effizienz im Widerspruch zu Robustheit, Reserven, Redundanzen oder Resilienz, die für eine langfristige Systemstabilität lebenswichtig sind. Große gesellschaftswichtige Herausforderungen wie der Klimawandel oder die absehbare Ressourcenverknappung sind mit der bestehenden Wachstums- und Geldlogik nicht lösbar (Renn 2014). Daher wäre es in vielen Bereichen notwendig, die Frage nach der Effektivität oder dem tun der richtigen Dinge zu stellen. Aber so lange wir als globale Gesellschaft dem Wachstumsparadigma folgen, ist ein Ausscheren nur schwer möglich. In der Natur gibt es jedoch kein unbegrenztes, sondern nur ein zyklisches beziehungsweise s-förmiges Wachstum. Alles andere wirkt selbstzerstörerisch. Tumore stellen den bisher erfolglosen Gegenversuch dar.

3 S-förmiges Wachstum

Ein s-förmiges Wachstum beginnt langsam, steigt nach einer längeren niederschwelligen Periode exponentiell an und flacht dann wieder ab (vgl. Abbildung 1). Ob durch Angebot und Nachfrage, Ressourcenverknappung oder Beute-Räuberverhältnisse, ausschlaggebend sind immer selbstregulierende Regelkreise (Rückkoppelungen). Ein weiteres Wachstum ist nur über einen neuen Zyklus (etwa durch die jahreszeitliche Erneuerung oder durch eine neue Technologie) möglich. Die künstliche Ausdehnung des exponentiellen Wachstums führte bisher immer zum Systemkollaps.

Menschen neigen dazu, diesen Mechanismus zu ignorieren. Was durchaus eine Zeit lang gut gehen kann, da Systemgrenzen bis zu einem gewissen Grad dehnbar sind. Dieser Erfolg führt aber zu einer Selbstüberschätzung der eigenen Fähigkeiten, mit meist langfristigen negativen Folgen beziehungsweise zeitverzögerten Wirkungen. Eine intensive Landnutzung führt zwar kurzfristig zu mehr Wachstum und Output, führt aber zu einer Ressourcenübernutzung und damit zum Rückgang oder zur vollständigen Zerstörung der Ressource.

Große Innovationen bzw. fundamentale Weiterentwicklungen führen dazu, dass bisherige Lösungen obsolet werden oder mit weit weniger Ressourcenaufwand bewältigt werden können. Das bisher Erfolgreiche ist daher dem Untergang geweiht ("Schöpferische Zerstörung"). Die Technisierung und Automatisierung in der Landwirtschaft hat etwa dazu geführt, dass binnen weniger Jahrzehnte kaum mehr Arbeitskräfte in diesem Sektor benötigt werden, während zuvor in diesem Sektor ein Großteil der Menschen tätig waren (Dueck 2010).

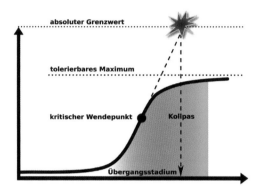

Abbildung 1: s-förmiges Wachstum; Quelle: Eigene Darstellung in
Anlehnung an Vester

4 Evolutionäre Prägungen

Bei menschlichen Handlungen spielen so gut wie immer evolutionär geprägte Muster eine Rolle. So neigen wir etwa dazu, lieber kurzfristige Erfolge als einen langfristigen Mehrwert in Kauf zu nehmen. In der Psychologie wird dafür der Begriff "Belohnungsaufschub" verwendet (Mischel 2015). Dabei wird auf eine unmittelbare (anstrengungslose) Belohnung zu Gunsten einer größeren Belohnung in der Zukunft verzichtet, die allerdings entweder erst durch Warten oder durch vorherige Anstrengung erlangt werden kann. Dieses Phänomen kann heute in vielen Bereichen, etwa bei politischen Entscheidungen, beobachtet werden: Kurzfristiger Aktionismus versus langfristige Ziele. Was evolutionär durchaus Sinn gemacht hat, stellt heute in der Regel einen langfristigen Nachteil dar.

Zudem konzentrieren wir uns auf das, was wir bereits wissen und kennen, und weniger auf die Vorsorge: *"Wir neigen dazu, nicht das Allgemeine zu lernen, sondern das Präzise. Wir lernen keine Regeln, sondern nur Fakten. Jeder weiß, dass wir mehr Vorbeugung als Behandlung brauchen, doch kaum jemand belohnt Vorbeugungsmaßnahmen. Wir glorifizieren jene, deren Namen in die Geschichtsbücher eingegangen sind, auf Kosten derjenigen, über die unsere Bücher schweigen."* (Taleb 2013:9)

Dabei ist Zukunft nicht etwas vorgegebenes, sondern wird von uns alle gemeinsam gestaltet. Dieser Gestaltungsspielraum wird jedoch oft unterschätzt, da man als Einzelner glaubt, eh nichts ausrichten zu können. Gleichzeitig sehen wir aber in vielen Bereichen, dass das Verhalten jedes Einzelnen sehr wohl eine globale Auswirkung hat. Ob beim Konsum oder bei der Umweltverschmutzung, viel Kleinvieh macht auch Mist. Die Frage ist, wie wir das für positive Zukunftsentwicklungen auch besser nutzen könnten.

5 Vernetzung führt zu Komplexität

Der Begriff "Komplexität" wird in sehr unterschiedlichen Zusammenhängen verwendet. Ob im technischen oder politischen Bereich, er scheint fast überall anwendbar *("Boundary Object")*. In der Regel will man damit undurchsichtige, schwer greifbare, dynamische und damit kaum planbare und steuerbare Situationen beschreiben. Eine gewisse Überforderung und Hilflosigkeit geht damit oft einher. Der Begriff selbst wird vom lateinischen *complexus* abgeleitet, was so viel wie verflochten beziehungsweise verwoben bedeutet. Mit etwas Abstand erkennt man rasch einen Zusammenhang mit der technischen Vernetzung.

Mit der Vernetzung steigt die Komplexität und Dynamik in Systemen, da es zu ständigen Rückkoppelungen kommt. Es entstehen offene Systeme, die mit ihrer Umwelt in Wechselbeziehung stehen. Die Systemgrenze eines komplexen Systems lässt sich nicht genau definieren bzw. ist die Eingrenzung nur ein Modell. Eine zentrale Steuerung wie bei Maschinen (geschlossenen Systemen) ist nicht möglich. Die Steuerung (Regelung) beruht auf einfachen dezentralen Rückkoppelungsprozessen und Regelkreisen. Menschliche Eingriffe ohne Berücksichtigung dieser Mechanismen scheitern, wenn auch häufig erst zeitverzögert. Oft führen sie auch zu nicht intendierten Ergebnissen oder Nebenwirkungen.

Komplexe Systeme weisen eine Reihe von Eigenschaften auf, die wir von unseren bisherigen technischen Lösungen ("Maschinen") nicht kennen. Etwa zu einer selbstverstärkenden Dynamik ("Immer schneller im Hamsterrad"), oder Emergenz, welche durch das Zusammenspiel der Systemelemente und der Rückkoppelungen zur spontanen Herausbildung von neuen Systemeigenschaften oder Strukturen führt. Die Eigenschaften der Systemelemente lassen dabei keine Rückschlüsse auf die emergenten Eigenschaften des neuen Systems zu. Im Positiven ergeben sich dadurch völlig neue Möglichkeiten, im Negativen bisher nicht bekannte oder beachtete Nebenwirkungen. Beispielsweise in der

Nanotechnologie, wo völlig neue Möglichkeiten oder Materialeigenschaften entstehen. Gleichzeitig wissen wir nur sehr wenig über die möglichen negativen Nebenwirkungen. Mögliche zukünftige Erkenntnisse wie etwa beim vormaligen Wunderstoff Asbest könnten zu verheerenden Auswirkungen führen. Eine Reparatur wird kaum mehr möglich sein. Irreversibilität und Nichtlinearität wiederum führt dazu, dass unsere bisherigen Risikomanagementansätze versagen bzw. nicht die tatsächliche Tragweite erkennen können. Vor allem, wenn zusätzlich zeitverzögerte Wirkungen auftreten, wie etwa beim Klimawandel. In hoch vernetzten Systemen können kleine Ursachen verheerende Auswirkungen auslösen. Beispielsweise gerade in Afrika, wo ein aus Amerika eingeschleppter Schädling binnen weniger Monate massive Schäden bei der Maisernte verursacht und sich rasend verbreitet (Handelsblatt 2017).

Exponentielle Veränderungen wiederum überfordern unser Denken und unseren Horizont, da wir dazu neigen, Entwicklungen linear fortzuschreiben. Das wird uns wahrscheinlich bei den Eskalationen durch den Klimawandel noch heftig beschäftigen. Aber auch die Entwicklungen im Bereich der Künstlichen Intelligenz (KI) und Automatisierung werden wohl vielerorts unterschätzt. Auch weil wir fast immer von den Übertrüber-Lösungen ausgehen, die sicher noch in vielen Bereichen weit entfernt sind. Die Automatisierung in vielen kleinen Alltagsbereichen wird jedoch dazu beitragen, dass unsere Arbeitswelt in absehbarer Zukunft heftig auf den Kopf gestellt werden wird. Ebenso werden Anwendungen aus dem Bereich der Künstlichen Intelligenz uns bald ganz massiv beschäftigen und viele ungeklärte Fragen aufwerfen. Denn diese funktionieren nicht mehr nach unserer bisherigen Maschinen-, sondern nach der Komplexitätslogik. Also irreversibel, nichtlinear und damit in der Entscheidungsfindung nicht mehr nachvollziehbar. Durchaus mit bisher kaum vorstellbaren Lösungen, die der Menschheit dienen werden. Jedoch wird es wie immer auch Schattenseiten geben. Erste Anzeichen gibt es bereits in der Cyber-Welt. Hier hat sich in den vergangenen Jahren eine professionelle und hoch arbeitsteilige Schattenökonomie entwickelt, welche die neuen Möglichkeiten bestmöglich zur Gewinnmaximierung nutzt. Umso mehr sollten uns Einschätzungen beunruhigen, wonach in naher Zukunft mit Schadsoftware zu rechnen ist, die sich der Künstlichen Intelligenz bedienen wird (Mankey 2017). Hier tun sich wahrlich Horrorszenarien auf. Während wir in vielen Bereichen noch nach alten Denkmustern und "Denksilos" organisiert sind und um Ressourcen streiten, schreitet die Realität rascher voran, als uns lieb sein kann.

6 Künstliche Intelligenz setzt neue Maßstäbe

Anfang 2016 gewann AlphaGo, eine KI-Anwendung, 4:1 gegen den weltbesten Go-Spieler. Das war eine Sensation, da das 2.500 Jahre alte Go-Spiel eine sehr hohe geistige Herausforderung darstellt. AlphaGo wurde mit Zehntausenden historischen Go-Spielen gefüttert, und spielte dann gegen sich selbst. Im Herbst 2017 schlug AlphaGo-Zero die Ur-Version AlphaGo 100:0. AlphaGo-Zero hatte für diese Leistung gerade einmal drei Tage Trainingszeit und lernte sich das Spiel rein aus den Spielregeln. Dabei wurde auch noch eine einfachere Hardware als 2016 verwendet. Unfassbar, was hier an Entwicklung passiert, die noch dazu kaum wahrgenommen wird. Und wenn, dann werden diese Entwicklungen noch oftmals damit abgetan, dass diese KI trotz allem noch lange nicht die menschliche Intelligenz überwinden wird. Das wahrscheinlich nicht. Aber vielleicht Aufgaben übernehmen, die wir uns heute noch gar nicht vorstellen können. Und wie es aussieht, wahrscheinlich noch früher für die Dunkle Seite der Macht, als für nützliche Dinge. Das destruktive Potential dieser Entwicklung möchte man sich lieber nicht ausmalen.

7 Komplexitätslücken

Der Komplexitätsforscher John Casti hat den Begriff der Komplexitätslücke geprägt. Sie beschreibt die Differenz zwischen Systemen unterschiedlicher Komplexität (vgl. Abbildung 2). Etwa das, was das Marketing oder die Politik verspricht und das was technisch und physikalisch machbar und noch beherrschbar ist. Komplexitätslücken neigen dazu, sich auszugleichen. Wenn dies nicht durch regulierende Eingriffe erfolgt, kommt es zur "Systembereinigung" in Form von Extremereignissen (X-Events). Der "Faden" reißt dabei abrupt (Casti 2012).

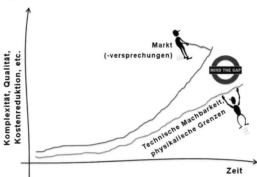

Abbildung 2: Komplexitätslücken; Quelle: Eigene Darstellung

Menschen neigen dazu, die Elastizität von Systemen zu überschätzen. Diese ist durchaus gegeben. Dennoch gibt es unüberwindbare Grenzen. Ob dies im individuellen Bereich ist ("Burnout"), am Finanzmarkt, bei technischen Lösungen, beim Ressourcenverbrauch, beim Stromversorgungssystem, es gibt kein Beispiel dafür, dass wir diese Grenzen unendlich ausdehnen könnten.

Die Anzahl und die Größe derartiger Komplexitätslücken nehmen mit der Erhöhung der Vernetzungsdichte deutlich zu. Es entstehen bisher nicht bekannte *systemische Risiken*, die unser Vorstellungsvermögen übersteigen. So wurden etwa die Auswirkungen der US-Immobilienkrise 2007 lange unterschätzt und die nachfolgenden globalen Finanz-, Staatsschulden- und Wirtschaftskrisen überhaupt nicht erwartet (Renn 2014, Taleb 2012). Durch die zeitverzögerte Wirkung haben wir bisher fast nur die positiven Seiten der Vernetzung kennengelernt. Es ist durchaus anzunehmen, dass wir daher in den nächsten Jahren zahlreiche Turbulenzen erleben werden.

Besonders besorgniserregend sind dabei unsere infrastrukturellen Abhängigkeiten und die steigende Verwundbarkeit. Denn durch die unaufhaltsam vorangetriebene chaotische Vernetzung steigt auch die Wahrscheinlichkeit für sich kettenreaktionsmäßig ausbreitende und weitreichende Störungen. Besonders verheerend könnte sich ein solches Ereignis im europäischen Stromversorgungssystem ("Blackout") auswirken, da wir überhaupt nicht darauf vorbereitet sind. Gleichzeit steigen fast täglich die Herausforderungen für einen sicheren Netzbetrieb.

8 Zielsetzung

Daher schließt sich nun der Kreis zur Eingangs gestellten Frage nach der Effektivität beziehungsweise, ob wir die richtigen Ziele verfolgen. Wie sich aus dem bisher Gesagtem erahnen lässt, bestehen hier erhebliche Zweifel. Aber gerade der Umgang mit Komplexität bzw. komplexen Systemen und Entwicklungen erfordert eine klare Zielsetzung, nach der man die erforderlichen Maßnahmen und Ressourcen ausrichten kann.

Egal welches drängende Problem man heute hernimmt, so gut wie überall fehlen klare und nachvollziehbare Zielsetzungen und vor allem auch konkrete Schritte. Beginnend beim Klimawandel, wo es zwar ein Kommittent gibt, langfristig etwas tun zu müssen, wo aber kurzfristig kaum adäquate Maßnahmen gesetzt werden. Damit wird die langfristige Zielerreichung auch immer unwahrscheinlicher. Oder beim Thema Digitalisierung, wo man bereits heute weiß, dass wir auf einen massiven Fachkräftemangel zusteuern. Andererseits werden viele Arbeitsplätze in absehbarer Zukunft obsolet werden. Gleichzeitig feiern wir es als große Errungenschaft, wenn nun in Schulen Tablets eingeführt werden sollen. Was wir damit wirklich vermitteln wollen, ist noch offen. Die Verteilung von nur elektronischen Büchern und Lehrmaterial wird wohl zu wenig sein. Das ganze Bildungssystem ist nach wie vor auf die Bedürfnisse der Industriegesellschaft ausgerichtet. Das wissen wir irgendwie schon. Aber für die notwendigen Änderungsschritte fehlt uns der Mut und der Wille sowie die notwendige Weitsicht. Überall ist der Ruf nach Innovationen zu hören. Dabei vergisst man aber gerne, dass technische Innovationen auch gesellschaftliche Innovationen und Anpassungen erfordern.

Ob die notwendigen Schritte und Maßnahmen rechtzeitig eingeleitet werden, muss unter den derzeitigen Rahmenbedingungen und Denkgrenzen massiv bezweifelt werden. Auch aus der Illusion heraus, dass eh noch alles halbwegs gut funktioniert. Leider werden die hier nur ansatzweise aufgezeigten Entwicklungen außer Acht gelassen. In der Fachwelt wird daher auch von einer Truthahn-Illusion gesprochen (Abbildung 3). Ein Truthahn, der Tag für Tag von seinem Besitzer gefüttert wird, hat nicht die geringste Ahnung, was am Tag X passieren wird. Er muss aufgrund seiner positiven Erfahrungen annehmen, dass die Wahrscheinlichkeit, dass etwas gravierend Negatives passiert, von Tag zu Tag kleiner wird. Am Tag vor Thanksgiving wird jedoch ein entscheidender Wendepunkt eintreten, mit entsprechend fatalen Folgen für den Truthahn. Die Truthahn-Illusion steht zudem für die Überzeugung, dass sich jedes Risiko berechnen lässt, obwohl dies nicht möglich ist.

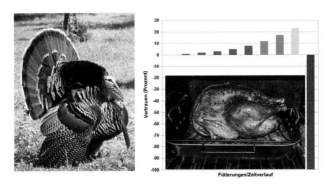

Abbildung 3: Truthahn-Illusion; Quelle: Eigene Darstellung

Gerne wird auch das Nichtvorhandensein von Beweisen mit einem Beweis für ein Nichtvorhandensein verwechselt. Daher ist davon auszugehen, dass vordergründig stabile Systeme fragiler sind, als Systeme, in denen häufiger Störungen auftreten (Taleb 2012). Das gilt wohl auch für unser aktuelles Gesellschaftssystem. Wesentliche Fragen, die wir uns stellen sollten, könnten etwa folgende Bereiche betreffen:

- Welches Wirtschafts- und Gesellschaftssystem ist notwendig, um die massiv umweltverändernden Auswirkungen rasch und drastisch zu reduzieren?

- Wie können wir unser Gesellschaftsleben organisieren, wenn immer mehr Erwerbsarbeit durch Technik und Automatisierung übernommen wird?

- Wie können wir die Robustheit der Infrastrukturen und die Resilienz der Menschen erhöhen?

- Mit welchen Maßnahmen können wir den Migrationsdruck reduzieren und möglichst vielen Menschen ein gutes Leben ermöglichen?

Ein weiter wie bisher wird mit Sicherheit nicht zur Lösung, sondern nur zur Verschärfung der aktuellen und zukünftigen Probleme führen. Es ist daher höchst an der Zeit, mit der Entwicklung von neuen Denkmodellen zu beginnen und unser gefestigtes lineares *"Entweder-oder-Denken"* abzulegen.

9 Sowohl-als-auch

Die technische Vernetzung hat der Menschheit viele positive Errungenschaften gebracht. Leider neigen wir dazu, diese Seite überzubewerten und die möglichen Schattenseiten bis zu Ihrem Eintritt zu ignorieren. Unser abendländisches *"Entweder-oder-Denken"* ist binär. Gut und schlecht, warm und kalt, trocken und heiß, gesund und krank, arm und reich, und so weiter. Die Betonung liegt auf "und", nicht etwa auf "oder". Dieser Aspekt steht uns häufig im Weg. Damit werden auch viele Handlungsspielräume eingeschränkt. Mit einem *"Sowohl-Als-Auch-Denken"* lässt sich die Realität wesentlich besser abbilden. Sie ist nicht nur schwarz/weiß, sondern es gibt viele Graustufen dazwischen, wenngleich die Pole eine wichtige Rolle spielen und sich gegenseitig bedingen. Daher sollte es selbstverständlich sein, dass jede Sonnenseite auch eine Schattenseite hat. Mit diesem Bewusstsein kann man auch mit den im Alltag immer vorhandenen Widersprüchen und Ambivalenzen besser umgehen. Diese lassen sich häufig nicht auflösen, beziehungsweise führt das in der Regel nur zu Scheinlösungen. Daher sind wohl auch unsere derzeitigen parteipolitischen "Silodenken" nicht dazu geeignet, die anstehenden Probleme nur ansatzweise zu lösen.

10 Bildung

Um mit diesen Entwicklungen schritthalten zu können, ist daher eine völlige Neuausrichtung erforderlich. Nicht nur in der Politik. Und das beginnt mit unserem Denken und mit unserer Sprache: *"Die Grenzen meiner Sprache sind die Grenzen meiner Welt"* (Ludwig Wittgenstein)

So lange der Begriff "Komplexität" nur oberflächlich verwendet wird, jedoch die Zusammenhänge und vor allem Wechselwirkungen nicht wirklich erkannt und verstanden werden, werden wir nicht weiterkommen. Und das beginnt bereits in der Ausbildung, wo wir nach wie vor in Stundenfächern, Disziplinen und Instituten organisiert sind und das Querdenken eher die Ausnahme als die Regel darstellt. Der Bildungssektor stellt einen Schlüsselsektor für die anstehenden fundamentalen Veränderungen dar, damit diese nicht weiterhin ein Thema für kleine Nischengruppen bleiben, sondern auch den Rest der Gesellschaft mitnehmen. Die Veränderungen finden auf jeden Fall unaufhörlich statt. Wir können entweder mitgestalten, oder wir werden gestaltet werden. Etwa, indem Europa und Österreich an globaler Bedeutung verlieren wird. Wir sehen das bereits heute, wo immer mehr gut ausgebildete junge Menschen das Land verlassen und sich dort niederlassen, wo die Rahmenbedingungen für eine aktive Zukunftsgestaltung auch passen. Wenn einer breiten Bevölkerungsschicht die Zusammenhänge und Wechselwirkungen dieser fundamentalen Metamorphose, wie Ulrich Beck die Transformation zur Netzwerkgesellschaft bezeichnete (Beck 2017), bekannt wären, könnten auch die Reibungsverluste deutlich reduziert werden. Ganz nach Erich Fried: *"Wer will, dass die Welt so bleibt wie sie ist, der will nicht das sie bleibt."*

Aus-, Fort- und Weiterbildung ist daher von zentraler Bedeutung, um mit den neuen komplexen Situationen und den erwartbaren steigenden Unsicherheiten in dieser Umbruchsphase umgehen zu lernen. Die gegenwertigen Bestrebungen, immer mehr Sicherheit durch noch mehr Regelungen und starre Grenzen zu schaffen, führt hingegen zu mehr Scheinsicherheit und reduziert die Handlungsfähigkeit und -kompetenz, um mit Unerwartetem umgehen zu können. Genau das Gegenteil von der intendierten Wirkung. Natürlich sind viele Menschen mit den Veränderungen überfordert, da ihnen auch die Zusammenhänge nicht bewusst sind. Sie neigen daher, einfachen aber falschen Versprechungen zu folgen. Rattenfänger haben daher Hochkonjunktur und befeuern den Nationalismus. Auch dem gilt durch Bildung entgegenzuwirken. Es geht jedoch nicht so sehr um die Wissenvermittlung an und für sich, sondern vielmehr um die Fähigkeit einer kritischen Reflexion und der Förderung des Bewusstseins dafür, dass in großen Umbruchphasen auch Vergessen von altem Wissen eine wichtige Leistung ist, um sich Neuem öffnen zu können. Nur so kann eine Anpassung und Weiterentwicklung erfolgen. Eine weitere Notwendigkeit ist die Kooperationfähigkeit und vernetztes Denken, da sich viele aktuelle und zukünftige Herausforderungen nur mehr systemübergreifend inter- bzw. transdisziplinär lösen lassen. Alles nicht ganz neu, wie ein Zitat des bereits vor über 40 Jahren verstorbenen American Football Trainers, Vince Lombardi, zeigt: *"Menschen, die zusammenarbeiten, werden gewinnen. Sei es gegen komplexe Verteidigungen im Football oder gegen die Probleme moderner Gesellschaften."* Diese Aussage ist aktueller denn je! Packen wir es an!

11 Literatur

Beck, Ulrich (2017): Die Metamorphose der Welt. Berlin: Suhrkamp

Casti, John (2012): Der plötzliche Kollaps von allem. Wie extreme Ereignisse unsere Zukunft zerstören können. München: Piper Verlag

Dueck, Gunter (2010): Aufbrechen! Warum wir eine Exzellenzgesellschaft werden müssen. Frankfurt am Main: Eichborn

Handelsblatt (2017): Raupen bedrohen Maisernte in Afrika. Internet: http://www.handelsblatt.com/panorama/aus-aller-welt/herbst-heerwurm-raupen-bedrohen-maisernte-in-afrika/20626708.html (24.11.17)

Manky, Derek (2017): Fortinet's Cyber Threat Landscape Predictions 2018. Internet: http://blog.fortinet.com/2017/11/14/fortinet-fortiguard-2018-threat-landscape-predictions?_ga=2.162659388.1231075590.1511461964-1284694870.1511461964 (23.11.17)

Mischel, Walter (2015): Der Marshmallow-Test. Willensstärke, Belohnungsaufschub und die Entwicklung der Persönlichkeit. München: Siedler Verlag

Ossimitz, Günther/Lapp, Christian (2006): Das Metanoia-Prinzip. Eine Einführung in systemisches Denken und Handeln. Berlin: Franzbecker

Renn, Ortwin (2014): Das Risikoparadox. Warum wir uns vor dem Falschen fürchten. Frankfurt am Main: Fischer Verlag

Rifkin, Jeremy (2016): Die Null-Grenzkosten-Gesellschaft. Das Internet der Dinge, kollaboratives Gemeingut und der Rückzug des Kapitalismus. Frankfurt am Main: Fischer Taschenbuch

Saurugg, Herbert (2012): Die Netzwerkgesellschaft und Krisenmanagement 2.0. Wien-Budapest: Masterarbeit unter URL: http://www.saurugg.net/wp/wp-content/uploads/2014/10/die_netzwerkgesellschaft_und_krisenmanagement_2.0.pdf (23.11.17)

Stöcker, Christian (2017): Ein Gott braucht keine Lehrmeister. Internet: http://www.spiegel.de/wissenschaft/technik/kuenstliche-intelligenz-gott-braucht-keine-lehrmeister-kolumne-a-1175130-druck.html (23.11.17)

Taleb, Nassim Nicholas (2012): Der Schwarze Schwan. Konsequenzen aus der Krise. München: dtv

Taleb, Nassim Nicholas (2013): Der Schwarze Schwan. Die Macht höchst unwahrscheinlicher Ereignisse. München: dtv

Toffler, Alvin (1970): Future Shock. New York: Bantam Books

Toffler, Alvin (1980): The Third Wave. New York: Bantam Books

Vester, Frederic (2011): Die Kunst vernetzt zu denken. Ideen und Werkzeuge für einen neuen Umgang mit Komplexität. Ein Bericht an den Club of Rome München: Deutscher Taschenbuch Verlag

Erfahrungswissen sichern

Wie das Wissen im Unternehmen bleibt

Christina Stoisser

Steinbeis-Beratungszentrum Wissensmanagement Consulting

christina.stoisser@steinbeis.at

1 Einleitung

Das Wissen der Mitarbeiter ist das wertvollste Gut eines Unternehmens. Materielle Ressourcen wie beispielsweise Produktionsmaschinen können relativ leicht getauscht werden, ein Mitarbeiterwechsel braucht seine Zeit. Das über Jahre hin angesammelte Wissen eines Experten verleiht Unternehmen Agilität und generiert dadurch einen unschätzbaren Vorteil. Besonders in der heutigen Zeit, in der in kurzen Abständen viele Mitarbeiter in den Ruhestand gehen und junge Menschen keine Lebensstelle mehr anstreben, ist es notwendig, die Erfahrungen im Unternehmen zu halten und für die Zukunft zu bewahren. Steht ein Mitarbeiterwechsel an, bleibt den Unternehmen oft nur wenig Zeit das wertvolle Wissen zu speichern und für den Nachfolger zur Verfügung zu stellen. Gezielte Debriefings und daraus resultierende Dokumentationen erleichtern den Wechsel und halbieren die Einarbeitungszeit.

2 Die Bedeutung des Erfahrungswissens

Ein Großteil des unternehmensweiten Wissens befindet sich in den Köpfen der Mitarbeiter. Nur durch geeignete Methoden und Verfahren kann dieses auch in der Zukunft angewandt werden. Geeignete Sicherungsprozesse bringen dem Unternehmen viele Vorteile indem neue Mitarbeiter weniger Zeit benötigen, um sich im neuen Job einzuarbeiten. Die Dauer der Einarbeitungszeit wird signifikant verkürzt, da Kenntnisse aus der Vergangenheit zur Verfügung stehen und bei neuen Herausforderungen eingesetzt werden können. Auch Langzeitmitarbeiter profitieren von den Erfahrungen ihrer ehemaligen Kollegen. Ausscheidende Mitarbeiter, die jahrelang als Experten galten, hinterlassen oftmals eine große Wissenslücke. Durch den Erfahrungsaustausch kann das wertvolle Wissen auf alle Experten verteilt und zusätzlich in einem Dokument für neue Kenntnisse gespeichert werden. Doch nicht nur bei Ausscheiden eines Mitarbeiters ist eine Wissenssicherung wertvoll. Mit dem Teilen der Erfahrungen wird auch der Zeitaufwand für einzelne Arbeitsschritte aller Mitarbeiter verringert. Durch die Sicherung des Spezialwissens werden bewährte Methoden häufiger angewendet und Fehler nicht wiederholt. Bei Problemen kann auf bereits erfolgreiche Lösungen der Kollegen zurückgegriffen werden, dadurch müssen nicht zwangsläufig neue Ansätze gefunden und erprobt werden. Zusätzlich halten etablierte Vorgehensweisen die Qualität der Produkte konstant. Das Vorgehen bei kritischen Arbeitsschritten wird weitergegeben und Fehler können dadurch vermieden werden. Die interne Verbreitung von wichtigem Wissen schafft Ideen für Neues. Mitarbeiter unterschiedlicher Abteilungen können die gewonnenen Erkenntnisse anderer in ihrem Bereich anwenden. Innovative Verfahren oder Produkte entstehen, welche die Wettbewerbsposition des Unternehmens stärken. Nicht zuletzt kann auch die Produktion effizienter gestaltet werden. Abläufe werden nach aktuellen Kenntnisständen optimiert und immer wieder an neue Gegebenheiten angepasst. Die Ausschussmenge kann dadurch reduziert und die Stückzahl erhöht werden.

Es gibt unterschiedliche Wege das Wissen eines Experten zu explizieren.

3 Arten der Wissenssicherung

Grundsätzlich werden drei Arten der Wissenssicherung mit unterschiedlicher Ergebnisqualität unterschieden, die Eigenerfassung mithilfe von Checklisten, die moderierte Übergabe mit Leitfäden sowie der professionelle Wissenstransfer durch Debriefing-Methoden im Interviewprozess und gleichzeitiger Dokumentation. Es werden alle drei Möglichkeiten kurz skizziert.

Abbildung 1: Arten der Wissenssicherung

Selbstständige Erfassung mithilfe von Checklisten

Häufig werden Checklisten für Übergabesituationen erstellt. Diese sind meist unternehmensweit standardisiert und regeln für gewöhnlich den Ausstiegprozess. Mitarbeiter werden dazu aufgefordert ihre Ablage zu strukturieren und wichtige Dokumente gesondert zur Verfügung zu stellen. Zusätzlich sind organisatorische Schritte angeführt, die noch erledigt werden müssen, bevor der Mitarbeiter das Unternehmen endgültig verlassen wird. Diese Art der "Sicherung" dient lediglich dazu, das bereits dokumentierte, explizite Wissen, auch in Zukunft für alle Kollegen zur Verfügung zu stellen. Das Erfahrungswissen, welches Experten im Laufe der Tätigkeit gesammelt haben, geht beim Ausstieg jedoch verloren. Zusätzlich wird viel Zeit für die Abarbeitung der Checkliste benötigt, der Experte ist dadurch in der letzten Zeit nicht mehr produktiv tätig.

Moderierte Gespräche mit Leitfäden

Ist bereits ein Nachfolger für den Wissensträger gefunden, sind moderierte Übergabegespräche nützlich. Ein externer Moderator hilft bei mehreren Sitzungen das arbeitsplatzspezifische Wissen des Experten auf den neuen Mitarbeiter zu übertragen. Die Basis der Gespräche bildet ein Leitfaden. Je nach Angebot, kann der Prozess auch schriftlich festgehalten werden. Diese Art der Wissenssicherung ist aufwändig und nur sinnvoll, wenn bereits ein direkter Nachfolger für die Stelle des Experten bestimmt wurde. Das erfasste Erfahrungswissen dient dem neuen Mitarbeiter als Orientierung und ist auf seine Bedürfnisse ausgerichtet. Dadurch ist die Verbreitung des Enddokuments oft nicht möglich.

Professionelle Wissenssicherung

Eine professionelle Wissenssicherung ist zeitsparend und bringt maximale Vorteile. Es ist nicht notwendig bereits einen Nachfolger definiert zu haben. Der Experte muss relativ wenig Zeit dafür aufwenden und kann sich bis zum Schluss seiner eigentlichen Tätigkeit widmen.

Als die beste Methode, um das Erfahrungswissen zu sichern, gilt das Mindmapping. Es fördert bereits während der Erfassung die Kreativität und schafft Verbindungen zu einzelnen Themengebieten. Im Wissensmanagement werden Mindmaps auch als Wissenslandkarten bezeichnet. Für eine optimale Erfassung der Erfahrungen müssen, neben der Person als Wissensträger, auch sein spezielles Wissen in Wissensgebiete gegliedert und definiert werden.

4 Identifikation zentraler Wissensträger

Zunächst muss jene Person identifiziert werden, die sich als Experte etabliert hat und für eine Wissenssicherung in Frage kommt. Dabei gibt es sechs wesentliche Kriterien, die für eine Auswahl berücksichtigt werden.

Spezielle Tätigkeit

Ein Mitarbeiter verrichtet eine spezielle Tätigkeit, wenn er Arbeiten erledigt, die kein Kollege in derselben Qualität ausführen kann. Der Experte ist also ein Facharbeiter, der immer die beste Qualität liefert, oder jemand, der ein spezielles Aufgabengebiet innehat, das außer ihm niemand abdeckt.

Erfahrungshintergrund

Ein Wissensträger hat sich meist längerfristig mit einem Thema auseinandergesetzt. Nur wer sich intensiv mit dem Wissensgebiet beschäftigt und Erfahrungen gesammelt hat, kann als Experte gelten und den Kollegen hilfreiche Tipps geben.

Wissensvergänglichkeit

Wissen ist vergänglich und muss ständig weiterentwickelt werden. Ein älterer Mitarbeiter wendet, aufgrund seiner langjährigen Tätigkeit, oft eigene Vorgehensweisen an, die sich aufgrund spezifischer persönlicher Situationen ergeben haben. Neue, innovative Verfahren werden häufig abgelehnt und nicht in den Alltag integriert, deshalb müssen Herangehensweisen, die bereits überholt sind, nicht gesichert werden.

Offenheit

Eine wesentliche Voraussetzung für eine gute Wissenssicherung ist ein offener Gesprächspartner. Mitarbeiter, die gerne über ihre Tätigkeit sprechen, eignen sich besonders gut. Kommunikative Experten geben viele Erfahrungen weiter und erleichtern den Interviewprozess. Die Qualität der Wissenslandkarte erhöht sich dadurch immens.

Motivation

Neben der Offenheit ist auch die Motivation des Experten entscheidend. Ist er gewillt sein Wissen weiterzugeben und möchte selbst eine umfangreiche und qualitativ hochwertige Wissenslandkarte erstellen, sind dies optimale Voraussetzungen für eine gute Sicherung.

Zeitrestriktion

Kommen mehrere Wissensarbeiter für eine professionelle Wissenssicherung in Frage, müssen Prioritäten in der Erstellung gesetzt werden. Jene Mitarbeiter, die relativ zeitnah das Unternehmen verlassen, werden die ersten Wissenslandkarten mit ihren Erfahrungen füllen. Experten, die noch länger im Unternehmen arbeiten, können ihre Wissenssicherungen zu einem späteren Zeitpunkt durchführen.

Sind die Experten ausgewählt, kann der Sicherungsprozess beginnen. Dabei ist es wichtig, die unterschiedlichen Wissensgebiete zu priorisieren.

5 Priorisierung der Wissensgebiete

Während des Sicherungsprozesses muss darauf geachtet werden, welches Wissen gesichert wird. Besonders kommunikationsfreudige Experten neigen dazu sehr viel zu erzählen. Aufgrund der zeitlichen Beschränkung und der einfachen Verwendung des Enddokuments, ist es wesentlich nur das relevante Wissen zu sichern. Dafür sind fünf zentrale Faktoren zu beachten.

Aktualität

Die Kenntnisse aus der Vergangenheit müssen auf aktuelle Situationen übertragbar sein. Liegen die Erfahrungen zu weit zurück und beziehen sich bspw. auf veraltete Verfahren, sind sie für die Zukunft nicht relevant. Als Beispiel kann die Anwendung eines Computerprogramms genannt werden. Ist bereits bekannt, dass dieses in absehbarer Zukunft getauscht wird, sind spezielle Anwendungstipps für eine Sicherung nicht wichtig.

Implizitheit

Eine vollständige Wissenssicherung kann nur dann in kurzer Zeit durchgeführt werden, wenn ausschließlich das implizite Erfahrungswissen dokumentiert wird. Bereits festgehaltene Prozesse oder Verfahrensanweisungen werden nicht in die Wissenslandkarte mitaufgenommen. Auf bestehendes explizites Wissen wird verwiesen und dieses verlinkt.

Relevanz

Zu unterscheiden sind Wissensgebiete, die für das Unternehmen "nice to have" oder "must have" sind. Wissen, das die Kernprozesse und die Wertschöpfung der Organisation betrifft, ist in die Sicherung aufzunehmen während Kenntnisse und Erfahrungen, die keinen unmittelbaren Wert für das Unternehmen haben, nicht dokumentiert werden müssen.

Voraussetzungen

Während einer Wissenssicherung ist es von zentraler Bedeutung darauf zu achten, wie umfangreich die Erfahrungen festgehalten werden sollen. Dabei müssen die Voraussetzungen der Personen beachtet werden, für die das Enddokument eine Hilfestellung sein soll. Wird ein direkter Nachfolger extern gesucht, werden interne Vorgänge mehr Berücksichtigung finden, als bei der internen Weiterverwendung und Pflege durch langjährige Mitarbeiter.

Dokumentierbarkeit

Ein wesentliches Kriterium bei der Sicherung von implizitem Wissen ist auch die Dokumentierbarkeit. Es gibt Wissen, das schriftlich nicht erfasst werden kann. Hier wird mit Bildern, Grafiken oder Kurzfilmen gearbeitet. Besonders in der Produktion sind Fotos bspw. von fehlerhaften Bauteilen für eine nähere Erklärung sehr hilfreich.

6 Die Professionelle Wissenssicherung

Eine professionelle Wissenssicherung gliedert sich in 4 Phasen. Am Ende des Prozesses liegt eine ausführliche Dokumentation aller relevanten Inhalte des Arbeitsplatzes in zweifacher Ausführung (Mindmap und schriftliches Word-Dokument) vor.

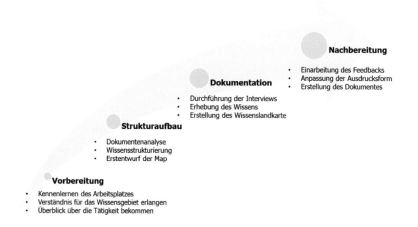

Nachbereitung

· Einarbeitung des Feedbacks
· Anpassung der Ausdrucksform
· Erstellung des Dokumentes

Dokumentation

· Durchführung der Interviews
· Erhebung des Wissens
· Erstellung der Wissenslandkarte

Strukturaufbau

· Dokumentenanalyse
· Wissensstrukturierung
· Erstentwurf der Map

Vorbereitung

· Kennenlernen des Arbeitsplatzes
· Verständnis für das Wissensgebiet erlangen
· Überblick über die Tätigkeit bekommen

Abbildung 2: 4 Phasen der Wissenssicherung

6.1 Die vier Phasen der Wissenssicherung

Vom ersten Kennenlernen des Experten, bis zur fertigen Wissenslandkarte sind vier Phasen zu durchlaufen.

Phase 1: Vorbereitung

Neben dem persönlichen Kennenlernen aller beteiligten Personen, erfasst der Sicherungsexperte den Arbeitsplatz des Wissensträgers. Es wird ein Verständnis für das zu sichernde Wissensgebiet sowie ein Überblick über die Tätigkeit erlangt. Zusätzlich werden in einem kurzen Kick-off die Vorgehensweise besprochen und alle Folgetermine koordiniert.

Phase 2: Strukturaufbau

Im nächsten Schritt, wird der erste Entwurf der Wissenslandkarte erstellt. Dazu werden, sofern vorhanden, bestehende Beschreibungen der Tätigkeiten analysiert. Diese können Prozessdokumentationen oder Stellenbeschreibungen sein. Wichtig ist die Vollständigkeit und Richtigkeit der Aufzeichnungen. Meist werden die Experten bereits im Kick-off dazu aufgefordert ihre wesentlichen Aufgaben aufzulisten und zur Verfügung zu stellen. Alle genannten Tätigkeiten fließen in die Erstellung der ersten Wissenslandkarte mit ein.

Phase 3: Dokumentation

Nachdem der erste Entwurf der Mindmap verfasst wurde, kann der Dokumentationsprozess beginnen. In 4 zweistündigen Interviewsitzungen wird die individuelle Wissenslandkarte des Experten erstellt. Während der Interviewsitzungen ist eine angenehme Gesprächsatmosphäre notwendig. Störfaktoren sind weitestgehend zu vermeiden. Oftmals kann das Beisein eines Vorgesetzten Experten daran hindern gewisse Erfahrungen zu teilen. Für ein besseres Ergebnis werden alle Interviews aufgezeichnet.

Phase 4: Nachbereitung

Das Wichtigste ist die Nachbereitung der Interviews. In der letzten Phase werden die Gespräche noch einmal abgehört und fehlendes Wissen in der Mindmap ergänzt. Zusätzlich werden die Wissenslandkarte, sowie das dazugehörige Word-Dokument, in Form gebracht und dem Experten für ein Feedback zur Verfügung gestellt. Hier ist der Wissensträger dazu aufgefordert das gesamte Dokument zu lesen und auf Verständlichkeit zu prüfen. Es kann hilfreich sein, seine Kollegen in die Feedbackphase miteinzubeziehen und ihre Meinung mitaufzunehmen. Nach der Einarbeitung des Feedbacks, steht die Wissenssicherung in Form einer Mindmap sowie eines Word-Dokuments dem Unternehmen frei zur Verfügung.

Wesentlich ist die weitere Verwendung der Enddokumente. Damit das gesicherte Wissen nicht veraltet, müssen neue Erfahrungen regelmäßig eingearbeitet werden.

6.2 Die Vorteile einer professionellen Wissenssicherung

Im Gegensatz zu den bereits erwähnten Methoden ist eine professionelle Wissenssicherung nicht nur bei Ausscheiden eines Mitarbeiters sinnvoll, sie bildet auch den ersten Schritt bei der Einführung von Wissensmanagement. Aufgrund des hohen Aufwands zu Beginn scheuen Verantwortliche oftmals die Umsetzung. Mit der Erstellung von Wissenslandkarten wird dieser anfängliche Aufwand jedoch verringert, da bereits eine Basis geschaffen wird, auf die weiter aufgebaut werden kann. Mitarbeiter können in Zukunft in die bestehenden Dokumentationen ihr Wissen und ihre neuen Erfahrungen eintragen. Dadurch werden weitere Debriefings von Experten überflüssig.

Zusätzlich haben die Wissensträger wenig Aufwand bei der Erstellung ihrer Wissenslandkarte und sind dadurch bis zum Schluss wertschöpfend tätig.

7 Zusammenfassung

Eine professionelle Wissenssicherung kann als Einstieg zur Umsetzung von Wissensmanagement dienen, und/oder das Erfahrungswissen eines langjährigen Mitarbeiters für die zukünftige Nutzung bereitstellen. Um ein optimales Ergebnis zu erzielen, müssen die wesentlichen Wissensträger im Unternehmen identifiziert werden. Zusätzlich muss im Sicherungsprozess darauf geachtet werden, dass nur das wesentliche, implizite Wissen festgehalten und gesichert wird. Wichtig ist eine offene Gesprächsatmosphäre und eine gezielte Verwendung des entstandenen Dokuments im Anschluss.

Weiterführende Literatur

Lehnert, N. (2017): Erfahrungswissen sichern, aber wie? In: wissensmanagement Das Magazin für Führungskräfte 4/2017.

Steinbeis-Beratungszentrum Wissensmanagement (Hrsg.): Whitepaper: Erfahrungswissen sichern, aber wie?

Stoisser, C. (2016): Ermittlung der zentralen Bereiche des Wissensmanagements und Überprüfung deren Relevanz in der betriebswirtschaftlichen Zeitschriftenliteratur.

Stoisser, C. (2012): Wissensmanagement im international tätigen Unternehmen.

Wissensmanagement umsetzen

Mit der Reifegradanalyse zum Ziel

Christina Stoisser

Steinbeis-Beratungszentrum Wissensmanagement Consulting

christina.stoisser@steinbeis.at

1 Einleitung

Unternehmen sind im Zuge der steigenden Informationsflut oft mit ähnlichen Herausforderungen konfrontiert, die Suche ergibt nicht die gewünschten Treffer. Die Datenbasis ist unvollständig, veraltet oder überflüssig. Zudem erschweren Zugangsbeschränkungen und eine uneinheitliche Datenablage den gemeinsamen Zugriff auf vorhandene Dokumente. Erfüllt das organisationale Wissensmanagement die Bedürfnisse der Mitarbeiter nur unzureichend, greifen einzelne Abteilungen oder Projektgruppen häufig zu individuellen Lösungen. Eine unternehmensübergreifende, einheitliche Dokumentation sowie das leichte Auffinden relevanter Informationen rücken dadurch in immer weitere Ferne. Sind die organisationalen Wissensprozesse nicht optimal verzahnt, sollten Unternehmen die Verbesserungspotenziale in ihren Abläufen zeitnah identifizieren. Möglich ist das anhand einer Reifegradanalyse, welche den Ist-Zustand des Wissensmanagements evaluiert und daraus Handlungsempfehlungen ableitet.

2 Die Reifegradanalyse – ein Überblick

Der Status quo des Wissensmanagements in der Organisation lässt sich anhand einer Reifegradanalyse erheben (Stoisser, 2017). Ein Reifegrad gibt dabei den aktuellen Stand des Wissensmanagements auf einer Skala von eins bis fünf an. Die Analyse dient sowohl als Werkzeug zur systematischen Einführung gezielter Wissensmanagement-Maßnahmen als auch als Kontrollinstrument schon gesetzter Schritte. Viele Unternehmen haben bereits Wissensmanagement-Methoden implementiert, das Fehlen eines zielgerichteten Plans und eine inkonsequente Durchführung unterbinden jedoch deren Nutzen.

Neben der Analyse des Ist-Zustands hat eine Bestimmung der Reifegrade den Vorteil, dass sich zweckgerichtete Handlungen ableiten lassen. Bestehende Lücken werden aufgedeckt und zusätzlich kann auf bereits gut funktionierende Verfahren aufgebaut werden. Dadurch liefert die Analyse ein Gesamtbild der bereits eingesetzten Methoden. Ein daraus abgeleiteter Schritt-für-Schritt-Plan ist notwendig, um geordnet und koordiniert handeln zu können. Zusätzlich wird durch diese Vorgehensweise bereits vor der Einführung ein einheitliches Verständnis von Wissensmanagement bei der Belegschaft geschaffen sowie dessen Nutzen und Relevanz kommuniziert.

3 Ganzheitliches Wissensmanagement einführen

Ausgangspunkt der Reifegradanalyse sind die 5 Bereiche des Wissensmanagements von Stoisser (2016); Lernen, Kommunikation, Unternehmenskultur, Technik und Bereitschaft der Mitarbeiter. Bei der Erhebung der Ist-Situation ist eine ganzheitliche Betrachtung aller Wissensmanagement-Aktivitäten notwendig. Daher wurden insgesamt 8 Themenfelder definiert, die durch eine spezielle Interviewsituation im Detail analysiert werden. Aus den Ergebnissen können die Reifegrade abgeleitet und grafisch aufbereitet werden.

Unternehmensstrategie und Wissensziele

Inwiefern werden Wissensziele gesetzt und an die Unternehmensstrategie angepasst?

Wissensziele sind wesentlich für jegliche Maßnahmen um das unternehmensweite Wissen managen zu können. Eine Organisation muss wissen, welches Wissen in Zukunft benötigt wird, um den Fortbestand des Unternehmens zu sichern. Dabei spielt auch die Unternehmensstrategie eine wesentliche Rolle, diese gibt die Richtung aller Aktivitäten vor.

Wissensentwicklung und Innovation

Welche Maßnahmen erfolgen im Bereich Innovation und wie werden neue Ideen entwickelt und weiter verfolgt?

Eine dynamische Umwelt erfordert gezielte Maßnahmen, die eine regelmäßige Anpassung ermöglichen. Dabei spielen Innovationen eine wichtige Rolle und die bestehende Wissensbasis muss ständig weiterentwickelt werden, denn das stärkt die Wettbewerbsposition des Unternehmens.

Kompetenzen und Fachwissen

Wie ist das erfolgskritische Wissen verteilt und inwieweit wird es gesichert?

Eine der größten Herausforderungen ist der Umgang mit dem bestehenden Wissen. Fachkräfte und Experten sind wichtige Wissensträger der Organisation. Dieses Spezialwissen muss geteilt und für Kollegen zugänglich gemacht werden. Außerdem ist die explizite Sicherung dieses Wissens von zentraler Bedeutung. Wenn Experten das Unternehmen verlassen, soll das Erfahrungswissen im Unternehmen bleiben.

Zufriedenheit und Motivation der Mitarbeiter

Finden die Bedürfnisse aller Mitarbeiter Berücksichtigung?

Ein gutes Wissensmanagement ist auf die Bedürfnisse der Mitarbeiter ausgerichtet. Nur wenn sie ihr Wissen gerne teilen und die Vorteile von Wissensmanagement direkt spüren, kann Wissensmanagement ganzheitlich funktionieren. Wenn der "Wissen ist Macht"-Gedanke vorherrscht, sind Mitarbeiter nicht bereit ihr Wissen preiszugeben. Der befürchtete Machtverlust schwächt die eigene Position und hindert den Erfahrungsaustausch.

Zusammenarbeit und Kommunikation

Wird das kollektive Wissen der Mitarbeiter durch Kommunikation und Zusammenarbeit gezielt genutzt?

Eine enge Zusammenarbeit und praktische Kommunikationskanäle sind essentiell. Wenn Wissen geteilt werden soll, müssen die dafür notwendigen Wege bereitgestellt werden, sie müssen einfach zu bedienen sein und im Arbeitsalltag integriert werden. Sind die Hürden bzw. der Aufwand zu hoch, wird die Motivation das Erfahrungswissen weiterzugeben gering sein.

Unternehmensstrukturen und Prozesse

Ist der Aufbau der Strukturen und Prozesse logisch und für alle verständlich?

Wissen kann nur fließen, wenn es keine Hürden im strukturellen Aufbau der Organisation gibt, die diesen Fluss behindern. Eine logische Aneinanderreihung der Aufgabengebiete dient der Übermittlung von Wissen über Abteilungsgrenzen hinweg.

Führung und Managementunterstützung

Inwieweit steht das Management hinter dem Vorhaben, Wissen zu managen?

Ohne die Unterstützung der Führung ist Wissensmanagement nicht ganzheitlich möglich. Es muss von den Vorgesetzten vorgelebt, gefordert und gefördert werden und es müssen organisatorische Vorkehrungen getroffen und Ressourcen zur Verfügung gestellt werden.

Technologie und Software

Welche unterstützenden Softwareprodukte gibt es bereits, wie häufig werden sie eingesetzt und welche notwendigen Funktionen fehlen?

Softwareprogramme und andere technische Hilfsmittel können das Wissensmanagement unterstützen. Ein gutes Tool, um die Abläufe zu regeln und das
Wissen zur Verfügung zu stellen, gehört zu einem ganzheitlichen Wissensmanagement dazu. Wesentlich für den Erfolg sind allerdings der Einsatz und alle
Prozesse rund um die Anwendung, nicht die Technik selbst.

Alle Einzelergebnisse werden grafisch so aufbereitet, dass ein Vergleich mit
dem gewünschten Soll-Zustand auf einem Blick möglich ist. Zusätzlich liefert
eine Gap-Analyse detaillierte Informationen über bestehende Lücken und ermöglicht eine Priorisierung der ersten Maßnahmen (Abbildung 1).

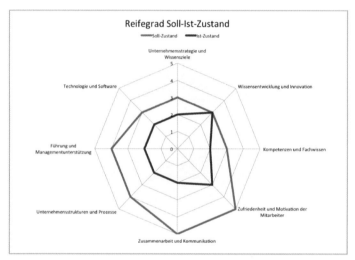

Abbildung 1: Grafische Darstellung der Ergebnisse
mithilfe eines Spinnendiagramms

Für eine optimale Umsetzung der erarbeiteten Schritte ist eine detaillierte
Aufgabenverteilung notwendig. Die Verantwortlichkeitsbereiche müssen ein-
deutig geklärt und mit konkreten Personen in Verbindung gebracht werden.
Außerdem ist es sinnvoll, Multiplikatoren zu definieren und gezielt einzusetzen. Ihre Aufgabe besteht darin, die Realisierung der Maßnahmen voranzu-
treiben und deren Wirksamkeit in regelmäßigen Abständen zu überprüfen.

4 Die Reifegradanalyse als Kontrollinstrument

Die Reifegradanalyse kann auch als Kontrollinstrument während eines Wis-
sensmanagement-Projekts dienen. Im Vergleich zum Ist-Zustand zeigt sich
bei einer erneuten Untersuchung der Reifegrade der Ergebnisfortschritt und
erleichtert so die weitere Konzipierung. Auf diese Weise lassen sich Qualität
und Wirksamkeit einzelner Methoden und Aktivitäten evaluieren und bewerten. Zusätzlich werden vernachlässigte Bereiche aufgedeckt und noch vorhan-

dene Lücken identifiziert, die mithilfe weiterer gezielter Schritte geschlossen werden können.

Die visuelle Aufbereitung der Ergebnisse macht einen gezielten Vergleich möglich und das Gesamtbild sichtbar, dadurch sind auch Fortschritte auf einen Blick erkennbar. Gerade positive Veränderungen erhöhen die Akzeptanz der eingesetzten Methoden und fördern die Motivation der Mitarbeiter sowie deren Bereitschaft, aktiv am Wissensmanagement-Prozess teilzunehmen.

5 Literatur

Stoisser, C. (2016): Ermittlung der zentralen Bereiche des Wissensmanagements und Überprüfung deren Relevanz in der betriebswirtschaftlichen Zeitschriftenliteratur.

Stoisser, C. (2017): Wie gut ist mein Wissensmanagement? In: wissensmanagement Das Magazin für Führungskräfte 2/2017.

Über die Autoren

Reiner Czichos

Reiner Czichos (Jahrgang 1946) studierte Volkswirtschaftslehre und Soziologie an der Ludwig Maximilian Universität in München. Er ist Sparringpartner für Unternehmer, Manager und Führungskräfte, Autor, Berater, Coach, Moderator und Trainer mit dem Fokus auf Change Management. Bevor er sich vor 32 Jahren selbständig machte, war er bei Digital Equipment Corporation (DEC), dem damals zweitgrößten IT-Unternehmen nach IBM, European Organisation and People Development Manager. Seitdem hat er eine bald dreistellige Zahl von Change-Projekten in vielen unterschiedlichen Branchen begleitet. Seit 2016 ist er zusätzlich Lehrbeauftragter an der Donau Universität Krems an der Fakultät für Wirtschaft und Globalisierung und Mitglied im Transdisziplinären Lab für Sustainable Digital Environment.

Er ist Autor von inzwischen 11 Büchern und mehr als 100 Aufsätzen rings um das Thema Change Management. Die Veröffentlichung seines Buches zur Digitalen Transformation, in dem die SVIDT-Methode im Zusammenwirken mit Change Management und Innovationsmanagement beschrieben wird, ist für Ende 2018 geplant.

Eduard Daoud

Eduard Daoud (Leiter Vertrieb, Marketing & Professional Service) bringt mehr als 10 Jahre Vertriebserfahrung aus der innovativ wachsenden Technologiebranche zur interface projects GmbH. Gemeinsam mit der Geschäftsführung verantwortet er Gesamtstrategie, deren Ausführung und den operativen Betrieb des Unternehmens. Er unterstützt Kunden dabei, das Potenzial von Enterprise Search in ihren Prozessen zu erkennen und erfolgreich einzusetzen. Herr Daoud hat einen Abschluss in Informatik von der Universität Leipzig und einen MBA in General Management von der Dresden International University im Jahre 2014 erfolgreich erworben. Gerade promoviert er zum Thema Produktivitätssteigerung an der technischen Universität Chemnitz.

Christoph Fabianek

DI Dr. Christoph Fabianek, MBA (Jahrgang 1977) studierte technische Mathemati an der TU Wien, absolvierte einen berufsbegleitenden MBA an der DU Krems und ist (ACC akkreditierter) systemischer Coach. Nach 3 Jahren Consulting bei AI Informatics und Siemens wechselte er in die Frequentis AG und ist dort seit über 10 Jahren in unterschiedlichen Bereichen als Projekt- und Produktmanager tätig. Daneben ist er in unterschiedlichen Startups aktiv und

Obmann des Vereins zur Förderung der selbstständigen Nutzung von Daten. Er ist verheiratet, hat 3 Kinder und in seiner Freizeit ist er Privatpilot und trainiert asiatische Kampfkunst.

Julia Fadler

Mag.rer.nat. Julia Fadler, BSc. studierte Psychologie und Betriebswirtschaftslehre in Wien und Madrid. Während ihres Studiums war sie als Studienassistentin am Institut für Entrepreneurship und Innovation an der Wirtschaftsuniversität Wien tätig und beschäftigte sich mit der Gestaltung von Entrepreneurship Trainings für TechnikerInnen. Seit 2016 ist sie Beraterin bei der ICG Integrated Consulting Group. Ihre Beratungsschwerpunkte liegen in den Bereichen Organisationsentwicklung und Führungsentwicklung.

Birgit Feldhusen

Dr. Birgit Feldhusen studierte Betriebswirtschaftslehre in Deutschland und war 15 Jahre in der internationalen Konsumgüterindustrie, Marktforschug und Beratung tätig, bevor sie 2010 an die Wirtschaftsuniversität Wien ging. Hier promovierte sie 2014 im Bereich Wissensmanagement zur Emergenz von kollektivem Wissen. Auf Basis ihrer Forschung liefert sie als Lektorin und wissenschaftliche Beraterin in vielfältigen Formaten neue Perspektiven zur Organisation und Führung der Zukunft.

Barbara Geyer-Hayden

Mag.(FH) Barbara Geyer-Hayden studierte Informationsberufe mit dem Schwerpunkt Bibliothekswesen an der Fachhochschule Burgenland, wo sie nach dem Studium als Assistentin für den Bereich Wissensmanagement tätig war. Danach war sie für das "project development" der uma information technolgy GmbH im Bereich Wissenstransfer verantwortlich. In den darauffolgenden acht Jahren konnte sie mit ihrer Firma "howknow" zahlreiche Wissensmanagement Projekten umsetzen. Seit 2015 leitet Barbara Geyer-Hayden den Masterstudiengang Angewandtes Wissensmanagement an der Fachhochschule Burgenland. Ihre Forschungsschwerpunkte sind Wissenstransfer, persönliches Wissensmanagement, E-Learning und Blended Learning.

Christian Hofstadler

Assoc.Prof. Dipl.-Ing. Dr.techn. Christian Hofstadler ist Professor für Baubetrieb am Institut für Baubetrieb und Bauwirtschaft an der TU Graz. Neben seiner Lehr- und Forschungstätigkeit an der TU Graz hält er im nationalen und internationalen Kontext zahlreiche Vorträge und Vorlesungen. Weiters verfasste er als Autor und Mitherausgeber mehrere Bücher und Studien sowie zahlreiche nationale und internationale Fachbeiträge.

Stefan Holtel

MSc Stefan Holtel ist Programmierer, Theaterpädagoge, Yogalehrer, Vater, Wissensmanager und Trainer für LEGO Serious Play©. Er arbeitete u.a. 11 Jahre in der Forschung und Entwicklung von Vodafone und hält nationale und internationale Patente. Regelmäßig räsoniert, präsentiert und publiziert er zur Frage, wie künstliche Intelligenz Organisationen und Unternehmen umkrempelt. Seit dem Jahr 2011 ist er *Lead Cogniteer* bei infinIT.cx, einem Anbieter für den Aufbau, die Entwicklung und den Betrieb großer Contactcenter. Er leitet zwei Jahren eines von vier deutschen Teams, das den IBM AI XPRIZE© gewinnen will.

Monika L. Honig

Mag.a. Monika L. Honig studierte Betriebswirtschaft an der WU Wien mit der Spezialisierung Verhaltensorientiertes Management. An dieser Abteilung schrieb sie ihre Abschlussarbeit, welche im Anschluss als Buch veröffentlicht wurde. Sie ist seit 10 Jahren im Personalbereich tätig mit den Schwerpunkten Perso-nal-/Organisationsentwicklung, Recruiting, Personalmarketing und Interne Kommunikation. Sie legte einen zusätzlichen Schwerpunkt im Bereich Perso-nal-/Organisationsentwicklung auf Wissensmanagement, im besonderen Wis-senstransfer sowie psychosoziale Phänomene am Arbeitsplatz (Mobbing, Burnout etc.). Neben ihrer leitenden Funktion im Personalbereich arbeitet sie als Trainerin, systemische Beraterin & Coach und ist als Autorin tätig.

Daniel Jank

DDipl.-Ing. Daniel Jank (Jahrgang 1991) studierte an der Technischen Universität Graz Wirtschaftsingenieurwesen sowie Konstruktiver Ingenieurbau. Aktuell ist er bei einem internationalen Bauunternehmen im Bereich Arbeitsvorbereitung und Bauprozessmanagement tätig sowie Dissertant am Institut für Baubetrieb und Bauwirtschaft der Technischen Universität Graz. Im Zuge seiner Dissertation "Systematische Dokumentation und Wissensmanagement für die Baustellen der Zukunft" befasst er sich mit innovativen Methoden der Datenerfassung und Informationsnutzung, um eine erfolgreiche Bauprojektabwicklung zu ermöglichen.

Guntram Meusburger

Ing. Mag.(FH) Guntram Meusburger ist in Dornbirn geboren und studierte "Betriebliches Prozess- und Projektmanagement" an der Fachhochschule Vorarlberg. 1999 trat er in das Familienunternehmen seines Vaters Georg Meusburger ein und wurde Mitglied der Geschäftsleitung. Seither setzt er sich intensiv mit dem Thema Wissensmanagement in der praktischen Umsetzung auseinander und entwickelte die WBI-Methode. 2007 übernahm Guntram Meusburger die Geschäftsführung der Meusburger Georg GmbH & Co KG.

Richard Pircher

Richard Pircher is Professor (FH) at the University of Applied Sciences bfi Vienna. Until 2008 he was Head of the Center for Knowledge and Information Management at the Danube University Krems. He conducts applied research, teaching, training and consulting in the fields of new ways of organizing, leadership and self-leadership, strategy, decision making, organizational and personal knowledge management. Richard has published more than 60 articles and books.

Herbert Saurugg

Herbert Saurugg, MSc, (Jahrgang 1974) Experte für die Vorbereitung auf den Ausfall lebenswichtiger Infrastrukturen, war bis 2012 Berufsoffizier des Österreichischen Bundesheeres, zuletzt im Bereich IKT-/Cyber-Sicherheit. Seit 2012 beschäftigt er sich mit den möglichen Folgen und Schattenseiten der steigenden Vernetzung und Komplexität. Seine Aufmerksamkeit gilt dabei besonders den gesellschaftlichen Abhängigkeiten von den lebenswichtigen Infrastrukturen, deren Verwundbarkeit durch die Vernetzung stetig zunimmt. Er betreibt dazu einen umfangreichen Fachblog (www.saurugg.net). Saurugg ist als weitsichtiger Querdenker und als Mahner vor den Folgen eines europaweiten Strom- und Infrastrukturausfalls ("Blackout") über die Landesgrenzen hinaus bekannt.

Christina Stoisser

Christina Stoisser, BSc MSc, verfügt über einen Masterabschluss in Betriebswirtschaft. Sie ist Leiterin des Steinbeis-Beratungszentrums Wissensmanagement Consulting. Neben der Einführung von Wissensmanagement allgemein sind ihre Spezialgebiete die Sicherung von Expertenwissen durch Interviewführung und gleichzeitiger Dokumentation, sowie die Durchführung von Reifegradanalysen zur Erhebung der Ist-Situation des Wissensmanagements.

Michael Zeiller

Prof.(FH) DI Dr. Michael Zeiller studierte Informatik an der Technischen Universität Wien, wo er nach dem Studium als Assistent am Institut für Computergrafik tätig war. Nach einer Forschungstätigkeit am Österreichischen Forschungszentrum Seibersdorf war er Leiter des Arbeitsbereichs Medientechnik bei DMC Design for Media und Communication GesmbH / 01 EDV-Consulting und Development GmbH. Seit 2002 ist er an der Fachhochschule Burgenland im Department Informationstechnologie und Informationsmanagement tätig. Seit 2013 leitet Michael Zeiller den Bachelorstudiengang Information, Medien & Kommunikation. Seine Lehr- und Forschungsschwerpunkte sind eCollaboration, Enterprise 2.0, Wissensmanagement und Content Management.